W0273986

Weitere Titel siehe letzte Seite.

Ein WAS IST WAS Buch

Bauernhof

Von Monika Wohlert

Illustriert von Marion Wieczorek

Tessloff Verlag

Vorwort

Im Supermarkt bedienen wir uns heute ganz selbstverständlich aus einem reichen Angebot an Brot, Milch, Fleisch, Gemüse, Obst und vielen anderen leckeren Sachen. Dabei vergessen wir oft, dass wir die große Auswahl an Lebensmitteln und die hohe Qualität der Produkte der enormen Entwicklung in der Landwirtschaft verdanken.

Noch vor 150 Jahren war die Versorgung mit Lebensmitteln bei uns alles andere als sicher. Damals vernichteten Unwetter oder Schädlinge sogar ganze Ernten und lösten große Hungersnöte aus. Um den Hunger zu besiegen, konzentrierte sich die Wissenschaft daher lange Zeit auf die Steigerung und Sicherung von Ernten und Erträgen. Der biologisch-technische Fortschritt führte zum Beispiel dazu, dass die Erntemengen auf den Feldern um ein Vielfaches stiegen und Kühe heute viel mehr Milch geben als früher. Dank Wissenschaft und Technik können die Bauern heute mehr Land bewirtschaften und größere Viehherden betreuen.

Doch vor rund zwei Jahrzehnten hat man in der Landwirtschaft die Grenzen der Leistungssteigerung nahezu erreicht. Seit die Ernährung der Menschen gesichert ist, konzentrieren sich die Bauern zunehmend auf den Schutz der Natur. „Klasse statt Masse“ lautet das neue Motto, denn Landwirtschaft und Naturschutz haben nur gemeinsam eine Zukunft.

Inzwischen zählt die Geschichte der Landwirtschaft 10 000 Jahre. WAS-IST-WAS „Bauernhof“ verfolgt die Entwicklung des Ackerbaus von der Jungsteinzeit bis hin zum modernen Bauernhof. Wer sich mit diesem Buch auf Spurensuche begibt und erfahren möchte, wie Landwirte unsere Lebensmittel herstellen, wird viel Neues aus der faszinierenden Welt der Landwirtschaft entdecken.

WAS IST WAS

BAND 117

Dieses Buch ist auf chlorfrei gebleichtem Papier gedruckt.

Bildquellennachweis:

Fotos: Agrarfoto.com (H.-P. Zwicklhuber): S. 1, 4ur, 16o, 16mr, 22or, 25ml, 27ol, 37ur, 39or (rund), 39ur (eckig), 40o (Hintergrund), 40o (Larve), 41ul, 46o (Sojabohne); Agrarmotive.de (K.-D. Esser): S. 11m, 18o, 21ur, 41ul (eckig), Agrarpress, Nörvenich: S. 4/5 (Hintergrund), 4/5u, 5mr, 13o (2), 18ul, 39ur; Amazonen Werke H. Dreyer GmbH, Hasbergen: S. 27u (3), 39or; Big Dutchman, Vechta: S. 17ol, 21o (3), 23or (rund), 23ul (rund); BLE, Bonn (Dominic Menzler/Thomas Stephan) Oekolandbau.de: S. 10ol, 11or, 14m, 15ol, 18mr (Futter), 31ml (2), 39ml, 40o (Käfer + Florfliege), 42ol, 43ol, 47o (3), 48ur; CLAAS KGaA mbH, Harsewinkel: S. 9ur; CMA; Bonn: S. 15u (rund), 29or, 32m (Rübe); Direktion für ländl. Entwicklung, Ansbach: S. 8or; Mary Evans Picture Library, London: S. 16ul; Familie Grader, Bälau: S: 8u, 19ol; Hans-Detlev Grader, Bargteheide: S. 8o; P. Hensch, Rheinbach-Flerzheim: S. 4ml, 17or (rund); i.m.a – information. medien. agrar e. V., Bonn: S. 48m; Juniors Tierbildarchiv, Ruhpolding: S. 5or, 22ol; Familie Koop, Poggensee: S. 9ul (2); Milch-Markt, Bonn: S. 15or; Picture Alliance, Frankfurt: S. 5ur (ZB), 6ul (akg), 7o (akg), 9ol (akg), 24o (ZB), 24m (dpa), 25or, 29ml (akg), 30or, 30/31u (ZB), 31or (ZB), 32ur (Okapia), 34ol (dpa), 34ul (Okapia), 38o (dpa), 43u (dpa), 44ul (ZB), 48or (ZB); A. Pöttinger Maschinenfabrik GmbH, A-Grieskirchen: S: 37o (rund); Royalty Free: S. 4ol, 6/7u, 10or, 15u (Käse), 17u, 18mr (Eicheln), 22u (2), 23ur, 25ur, 26mr, 28u, 35ol, 35u (2), 38/39u, 40u, 41or, 41ur, 44or, 46o (Hintergrund, Ananas, Reis, Kaffee); Valtra Vertriebs GmbH, Langenhagen: S. 37o (2); Verband Deutsche Putenerzeuger e.V., Bonn: S. 23or; Wirtschaftliche Vereinigung Zucker, Bonn: S. 32o (5).

Umschlagfotos: Agrarpress, Nörvenich; Juniors Tierbildarchiv, Ruhpolding

Illustrationen: Marion Wieczorek, Hagen-Hohenlimburg

Gestaltung: Johannes Blendinger, Nürnberg

Copyright © 2004 Tessloff Verlag, Burgschmietstr. 2-4, 90419 Nürnberg. www.tessloff.com www.wasistwas.de

Die Verbreitung dieses Buches oder von Teilen daraus durch Film, Funk oder Fernsehen, der Nachdruck, die fotomechanische Wiedergabe sowie die Einspeicherung in elektronische Systeme sind nur mit Genehmigung des Tessloff Verlages gestattet.

ISBN 3-7886-1504-4

Inhalt

Ein Tag auf dem Bauernhof

5:30 Uhr
Der Wecker klingelt in aller Frühe – es beginnt ein ganz normaler Arbeitstag.

6:00 bis 8:00 Uhr
Als Erstes fordern die Milchkühe ihr Recht. Sie müssen ihre Milch loswerden, die sich über Nacht im Euter gebildet hat. Auf dem Hof kümmert sich die Bäuerin um das Melken der Kühe. Damit es schneller geht, hilft ihr der Lehrling bei der Arbeit. Nach dem Melken reinigen sie gründlich das Melkgeschirr und den Melkraum.

In der Zwischenzeit füttert der Bauer die Kühe. Mit einem kleinen Traktor fährt er das Futter in den Stall und verteilt es dort mit einer Heugabel. Gleichzeitig schaut er nach den Kühen und prüft, ob sich alle wohl fühlen und gesund sind.

Trotz moderner Technik fällt auf einem Bauernhof viel Arbeit an. Die Maschinen müssen stets einsatzbereit sein, alles muss gut organisiert und sorgfältig überwacht werden.

Wenn Landwirte ihren Arbeitstag planen, dreht sich fast alles um die entscheidende Frage: Wie wird das Wetter? Denn neben den täglichen Aufgaben bestimmen Wetter und Jahreszeit den Dienstplan auf dem Bauernhof. So gibt es im Frühjahr und zur Erntezeit im Sommer besonders viel zu tun – bei gutem Wetter arbeitet ein Bauer dann oft bis es dunkel wird auf den Feldern.

Dieser Tagesablauf zeigt, dass auf vielen Bauernhöfen die Milchkühe im Mittelpunkt des Geschehens stehen. Die Tiere wollen jeden Tag versorgt werden – auch am Wochenende. Bauer und Bäuerin teilen sich meist die Arbeit im Stall, da Füttern und Melken jeden Tag viel Zeit in Anspruch nehmen.

Gegen 8:15 Uhr geht die Bäuerin in den Kälberstall. Die ganz jungen Kälbchen füttert sie mit Milch aus dem Nuckeleimer. Knapp drei Stunden nach dem Aufstehen macht sich auch ihr Magen bemerkbar, also höchste Zeit für das Frühstück.

8:30 bis 9:00 Uhr
Ausgiebiges Frühstück und Besprechung der anstehenden Arbeiten für den weiteren Tag.

9:00 bis 12:00 Uhr
Nach dem Frühstück geht der Bauer mit dem Lehrling in die Maschinenhalle und bereitet den Traktor auf den bevorstehenden Tag vor. Er füllt den Tank mit Diesel auf und kontrolliert den Wasser- und Ölstand.

Je nach Jahreszeit stehen auf dem Feld Arbeiten an wie Pflügen, Düngen, Säen, Ernten oder Heu machen. Da es Juni ist und die Sonne seit Tagen scheint, soll weiter Heu gemacht werden. Während der Bauer die restlichen Wiesen mäht, wendet der Lehrling mit dem Schwader das gemähte Gras vom Vortag.

Für die Bauersfrau beginnt nun die Hausarbeit: Sie kauft ein, putzt, wäscht und bereitet das Mittagessen vor.

Kurz vor 12:00 Uhr fährt der Milchsammelwagen von der Molkerei auf den Hof und holt die Milch ab.

12:00 bis 13:00 Uhr
Mittagessen

13:00 bis 16:30 Uhr
Gleich nach dem Mittagessen geht es mit der Heuernte weiter. Vorher schaut der Bauer kurz nach den Kühen und kontrolliert, ob noch genügend Futter in den Trögen liegt.

Die Bäuerin erledigt am Nachmittag die Büroarbeit. Als Erstes sieht sie die Post durch, um sich dann um Rechnungen und die Buchführung zu kümmern.

Bis spätestens 16:30 Uhr muss alles geschafft sein. Dann gibt es zur Stärkung eine Kaffeepause, bevor die Kühe ein zweites Mal gemolken und gefüttert werden.

Gegen 17:00 Uhr drängen sich die Kühe bereits vor dem Melkstand. Sie wissen genau, wann und wo sie ihre Milch loswerden können. Während Bäuerin und Lehrling die Kühe melken, geht der Bauer in den Stall und füttert die Tiere ein drittes Mal an diesem Tag. Nach dem Melken versorgt die Bäuerin noch schnell die Kälber.

19:15 Uhr
Abendessen: Normalerweise beginnt jetzt der wohl verdiente Feierabend.

19:15 bis 21:00 Uhr
Falls der Wetterbericht für die nächsten Tage Regen ankündigt, wird der Bauer bis zur Dämmerung weiterarbeiten, damit er das Heu trocken unter Dach und Fach bringt.

Die Bearbeitung der Äcker mit Keilpflügen und Grabstöcken aus Holz war eine anstrengende Arbeit, die viel Kraft kostete.

Leben auf dem Bauernhof – gestern und heute

Wie wurde aus dem Jäger und Sammler ein Bauer?

Die ersten Menschen lebten als Jäger und Sammler. Sie zogen von einem Ort zum nächsten und durchstreiften die Wälder, wo sie wild lebende Tiere jagten oder Beeren, Früchte, Nüsse, Wurzeln und Grassamen sammelten. Wenn es in der Umgebung nicht mehr genug jagdbare Tiere gab und die essbaren Pflanzen abgesammelt waren, zogen die Menschen weiter. An ihren Lagerplätzen beobachteten die Menschen, dass aus weggeworfenen Samen und Knollen Pflanzen wuchsen, die sie sonst mühselig suchen mussten. Diesen Vorgang nutzten sie für sich: Mit dem Grabstock bohrten sie Löcher in den Boden und legten die Samen in die Erde. Die Arbeit lohnte sich, denn es wuchsen kräftige Pflanzen, die sie ohne viel Mühe ernten konnten.

Diese Höhlenmalerei entstand etwa 15000 v. Chr. in der Altsteinzeit und zeigt ein Wildrind.

Vor ungefähr 10000 Jahren begannen die Menschen mit dem Anbau der ersten Gräser, den wilden Formen von Gerste, Weizen, Hafer und Reis. Mit dem eigenen Acker endete in der Jungsteinzeit das Leben als Nomade. Der Anbau von Pflanzen zwang die Jäger und Sammler, längere Zeit an einem Ort zu bleiben. Sie bauten sich aus Lehm und Stroh oder Holz feste Häuser und bildeten kleine Dörfer.

KULTURPFLANZEN

Im Gegensatz zu wild wachsenden Pflanzen werden Kulturpflanzen gezielt vom Menschen angebaut. Man unterscheidet zwischen Nutz- und Zierpflanzen. Viele Zierpflanzen, wie Tulpen, Nelken oder Rosen, schmücken unsere Wohnungen und Gärten, damit wir uns an ihrem Aussehen erfreuen können. Nutzpflanzen dagegen werden angebaut, damit wir sie – oder Teile von ihnen – als Nahrung oder Tierfutter nutzen können.

Getreidesorten sind wichtige Nutzpflanzen.

Gräser

Weltweit spielt die Pflanzenfamilie der Gräser eine bedeutende Rolle, da alle Getreidearten dieser Familie angehören. Weizen, Gerste, Roggen, Hafer, Mais und Reis waren ursprünglich wilde Gräser, die – wie andere Gräser auch – essbare Samen bilden. Durch gezielte Züchtung haben die Körner deutlich an Größe und Gewicht gewonnen.

Unverzichtbar

Gräser sichern unser Überleben. Neben ihnen existiert keine vergleichbare Nahrungsquelle, die sechs Milliarden Menschen ernähren könnte. Für unsere tägliche Ernährung sind auch die Gräser auf Wiesen und Weiden von großer Bedeutung. Sie stellen eine wichtige Futterquelle für Rinder, Schafe und Ziegen dar. Ohne Gras kämen weder Steaks noch Milchprodukte auf den Tisch.

Die Ägypter entwickelten und verbreiteten den Getreideanbau.

Etwa zur gleichen Zeit gelang es den Menschen auch, wild lebende Tiere zu zähmen. Aus der Viehhaltung zogen die Menschen einen großen Nutzen, denn die Tiere lieferten Milch, Fleisch, Felle, Wolle und Eier. Damit wurden die Menschen vom Zufallsglück der Jagd immer unabhängiger. Wenn es ihnen an Nahrung mangelte, konnten sie jederzeit ein Tier aus ihrer Herde schlachten. Nach wie vor ergänzten aber wilde Tiere und Pflanzen den Speiseplan der Menschen.

Ständig dachten die Menschen darüber nach, wie sie die Bodenbearbeitung verbessern konnten, damit die Pflanzen besser wuchsen. Es war ein gewaltiger Fortschritt, als sie kräftige Astgabeln als einfache Pflüge verwendeten. Als man um 3500 v. Chr. Rinder vor den Pflug zu spannen begann, entstanden die ersten Felder mit langen, geraden Furchen. Die Pflanzen wuchsen noch besser und brachten mehr Ertrag. Damit war der Mensch endgültig zum Ackerbauern geworden.

Wie leben Mensch und Tier auf dem Bauernhof?

Lange Zeit lebten Menschen und Tiere gemeinsam unter einem Dach. Arbeiten, Schlafen, Kochen und Viehhaltung – bis vor 500 Jahren spielte sich alles auf engstem Raum ab. In den ersten Bauernhäusern gab es noch nicht einmal Wände zwischen Mensch und Vieh. Später baute man Wohnhäuser für die Menschen und eigene Ställe für das Vieh. Auf jedem Hof lebten verschiedene Tiere, aber selten große Herden. Sie gaben nicht viel Milch, Eier oder Fleisch, weil der Mensch sie nicht gut ernähren konnte.

Für die Bauern war es damals schwierig, das Vieh über den Winter zu bringen. Das wenige Futter reichte gerade für die

Im Spätmittelalter lebten Menschen und Tiere unter einem Dach.

Moderner Bauernhof mit Wohnhaus, Ställen und Gerätehalle.

Zucht- und Arbeitstiere, so dass die meisten Tiere im Herbst geschlachtet wurden. Erst im 18. Jahrhundert verbesserte sich die Lage: Der Bauer baute jetzt auch gezielt Klee und Rüben an. Weil diese neuen Kulturpflanzen gutes Tierfutter abgaben, konnten mehr Tiere gehalten werden. Diese lieferten wiederum mehr Mist zum Düngen der Felder, so dass der Bauer mehr Getreide anbauen konnte. Neben den Tieren lebten auch viele Menschen auf dem Hof. Von den Großeltern bis zu den Kindern halfen alle bei der Arbeit mit. Oft gehörten Mägde und Knechte mit zum Haus.

Heute stehen auf einem modernen Bauernhof viele Gebäude. Neben einem Wohnhaus gibt es Ställe für die Tiere sowie Scheunen für die zahlreichen Maschinen und Arbeitsgeräte. Aus den früheren Gemischtbetrieben mit vielen Kulturpflanzen und Nutztieren haben sich immer mehr Spezialbetriebe entwickelt, zum Beispiel Milchvieh- oder Schweinemastbetriebe. Statt vieler verschiedener Tiere halten Bauern oft nur noch eine Tierart. Schweine, Kühe und Geflügel sind von manchen Höfen ganz verschwunden, da sich ein Teil der Bauern auf den Anbau von Getreide, Obst oder Gemüse konzentriert.

Bei der Flurbereinigung werden Äcker, Wiesen, Wege und Straßen genau vermessen und zersplitterte Grundstücke zu größeren zusammengelegt.

Flurbereinigung

Die Flurbereinigung – auch Flurneuordnung genannt – begann vor über 100 Jahren mit dem Ziel, kleine Landstücke zu einem großen Feld mit gut ausgebauten Zufahrtswegen zusammenzulegen, da sich kleine und weit auseinander liegende Felder nur mit großem Zeitaufwand bearbeiten lassen. Die Landwirte tauschen ihr Land untereinander, bis jeder größere Äcker hat. Die Arbeitszeit für die Feldarbeit verkürzt sich damit deutlich.

Das Pferd in der Landwirtschaft

Seit Jahrtausenden sind Pferd und Mensch ein Team. Alte Wandmalereien belegen, dass Pferde schon früh als Zugtiere und Reitpferde genutzt wurden. Bis ins Mittelalter spannten Bauern aber meist Ochsen vor Pflug und Wagen. Gegenüber dem Ochsen besaßen Pferde einen großen Nachteil: Ihre Hufe nutzen sich bei der schweren Arbeit auf hartem Boden schnell ab. Erst mit der Erfindung des Hufeisens verdrängte das Pferd den schwerfälligen Ochsen als das beliebteste Zugtier. Ob Acker- oder Waldarbeit – das Pferd erleichterte über Jahrhunderte hinweg die Arbeit des Menschen. Mit dem Siegeszug des Traktors Anfang des 20. Jahrhunderts verlor das Pferd seine Bedeutung – als Arbeitstier in der Landwirtschaft hatte das Ross ausgedient. Doch seit einigen Jahren steigt die Zahl der Pferde wieder stark an. Auf vielen Bauernhöfen werden heute Pferde gehalten, da Reiten als Sport und Freizeitbeschäftigung im Trend liegt.

Bis Mitte des 20. Jahrhunderts wurden Pferde in der Landwirtschaft als zuverlässige Arbeitstiere eingesetzt.

Weniger Beschäftigte

Die Landwirtschaft in Deutschland produziert heute über 90 Prozent unserer Lebensmittel. Durch den technischen Fortschritt im letzten Jahrhundert benötigt sie dafür aber immer weniger Arbeitskräfte: Derzeit arbeiten nur drei von 100 Menschen in der Landwirtschaft, vor 100 Jahren waren es noch 38.

Wie hat die Technik die Landwirtschaft verändert?

In den letzten 50 bis 100 Jahren durchlief die Landwirtschaft eine rasante Entwicklung. Viele Maschinen, wie zum Beispiel Traktor, Mähdrescher und Melkanlage, haben den Bauern die schwere körperliche Arbeit abgenommen. Dank Wissenschaft und Technik kann ein Bauer jetzt mit weniger Arbeitskräften mehr Land bewirtschaften und größere Viehherden betreuen. Ohne Maschinen kostete es früher zum Beispiel 360 Stunden harte Arbeit, um einen Hektar (100 x 100 Meter) Getreide zu mähen und die Körner vom Stroh zu trennen. Ein moderner Mähdrescher schafft das heute in weniger als einer Stunde.

Bereits im 18. und 19. Jahrhundert – der Zeit der industriellen Revolution – hielt der biologisch-technische Fortschritt Einzug in die Landwirtschaft: Neue Anbaumethoden, Pflanzenschutzmittel, die Erfindung des Kunstdüngers sowie die Züchtung leistungsfähiger Pflanzen und Tiere verbesserten die Erträge auf den Feldern und im Stall. Bis Mitte des 20. Jahrhunderts blieb Feldarbeit aber vor allem Handarbeit, da es nur wenige Maschinen gab. Hauptsächlich Pferde und Ochsen halfen, sie zogen Pflüge über die Äcker oder wurden vor schwere Wagen gespannt.

In den 1920er Jahren startete dann die Ära der motorisierten Traktoren. Da Traktoren und andere Maschinen anfangs sehr viel Geld kosteten, löste der Traktor erst vor rund 50 Jahren Pferde und Ochsen ein für allemal als Zugtiere ab.

Heute produziert ein Bauer unsere Nahrungsmittel mit modernster Technik. Von der Sämaschine bis zur Erntemaschine stehen ihm leistungsstarke Geräte zur Verfügung.

Früher wurden die Getreidehalme mit einer Sichel oder einer Sense von Hand abgeschnitten.

Das Getreide wurde zu Garben gebunden und auf dem Feld aufgestellt.

Pferde- oder Ochsenkarren brachten das Getreide zum Hof, wo das Korn mit Dreschflegeln mühsam von der Spreu getrennt wurde.

Mit einem modernen Mähdrescher wird in einem Arbeitsgang gemäht, gedroschen und das Korn vom Stroh getrennt.

Schwarzbunte geben viel mehr Milch, als sie für ihr eigenes Kalb benötigen.

Braunvieh hat starke Glieder und Klauen. Es kann sich das Futter auch in schwierigem Gelände suchen.

Bulle, Kuh und Kalb

Welche Rinder leben auf dem Bauernhof?

In vielen Ländern gilt das Rind als das wichtigste Nutztier. Heute gibt es auf der ganzen Welt zahlreiche Rinderrassen, die sich zum Beispiel durch Größe, Farbe und Gestalt unterscheiden. Auch die Milch- und Fleischleistungen sind von Rasse zu Rasse sehr unterschiedlich. In Deutschland teilt man Rinder daher in drei Gruppen ein: Milchrinder, Fleischrinder und Zweinutzungsrinder.

Milchrinder wie die relativ kleine und leichte Jersey-Kuh geben sehr viel Milch, während Fleischrinder vor Muskeln strotzen und saftige Steaks liefern. Die Zweinutzungsrinder hingegen werden als Fleisch- und Milchlieferanten genutzt. Aber hier gilt: je höher die Milchleistung, desto schlechter die Fleischleistung – und umgekehrt. Ein Bauer spricht deshalb auch von milch- oder fleischbetonten Zweinutzungsrindern. Ein Beispiel für ein milchbetontes Zweinutzungsrind sind Schwarzbunte. Die schwarzweiß gescheckten Tiere geben so viel Milch, dass sie in Deutschland zu den wichtigsten Milchlieferanten gehören. Gleichzeitig haben sie gutes und mageres Fleisch. Andere Zweinutzungsrinder wie das Braun- und Fleckvieh werden fast ausschließlich in Süddeutschland gehalten. Das robuste Braunvieh eignet sich gut für die harten Lebensbedingungen in den Bergen.

Fleischrinder wie Angus, Charolais und Limousin eignen sich hervorragend für die Mast. Mastbullen können pro Tag bis zu 1,5 Kilogramm zunehmen. Die Milch der weiblichen Tiere reicht aber gerade für das eigene Kälbchen.

Woher kommt das Futter für die Rinder?

Auf den Weiden können Rinder von Mai bis September frisches Gras fressen. Damit die Tiere das ganze Jahr über genug zu fressen haben, muss ein Landwirt das Futter meistens konservieren. Die älteste Form der Konservierung ist die Heubereitung: Gras und Klee der Wiesen und Äcker werden dabei durch Trocknung haltbar gemacht. Für die Heubereitung

Ur-Rind

Unsere Rinder stammen vom Auerochsen, einem mächtigen Wildrind, ab. Es konnte eine Schulterhöhe von 1,80 Metern erreichen und lebte in kleinen Herden, die aus einem Bullen, mehreren Kühen und deren Kälbern bestanden. Vor etwa 9000 Jahren gelang es den Menschen, die Auerochsen zu zähmen. Über Jahrtausende entstanden durch unterschiedliche Lebensbedingungen sowie durch gezielte Auswahl und Paarung über 300 verschiedene Rinderrassen.

Auerochse und heutiger Bulle im Größenvergleich mit einem erwachsenen Menschen

Bullen der Fleischrasse Limousin können ein Gewicht von über 1200 Kilogramm erreichen. Damit sind sie fast doppelt so schwer wie eine Milchkuh.

BSE steht für Bovine Spongiforme Enzephalopathie, was sich mit „schwammartige Hirnerkrankung bei Rindern" übersetzen lässt. Die Krankheit äußert sich durch aggressives Verhalten, Schreckhaftigkeit und Torkeln der Rinder und führt nach etwa sechs Monaten zum Tod. Die meisten Wissenschaftler nehmen an, dass BSE durch Schafe entstand, die an Scrapie, einer Gehirnerkrankung, litten. Diese Schafe wurden zu Tiermehl verarbeitet und an Rinder verfüttert. Die Verfütterung von Tiermehl an Rinder ist deshalb seit 1994 verboten.

mäht der Bauer das Gras, breitet es auf der Wiese aus, wendet es mehrmals und lässt es mindestens drei Tage trocknen.

Für eine Silage werden Gras und Mais, aber auch Rotklee, Raps, Hafer oder Ackerbohnen, durch natürliche Säurebildung (Gärung) haltbar gemacht. Die Futtermittel werden auf einer ebenen Fläche – dem Fahrsilo – aufgeschüttet, dicht zusammengepresst und mit Planen luftdicht zugedeckt. Unter Luftabschluss vermehren sich nun Milchsäurebakterien – die natürlicherweise auf Pflanzen leben – und bilden Milchsäure. Die Milchsäure sorgt dafür, dass sich schädliche Bakterien und Schimmelpilze nicht verbreiten können.

Gras und Silage allein reichen nicht aus, um die Kuh mit allen notwendigen Nährstoffen zu versorgen. Ein Bauer muss deshalb zusätzlich energiereiches Kraftfutter und Mineralstoffe füttern. Kraftfutter besteht aus verschiedenen Zutaten wie Getreide, Maiskörnern und Ackerbohnen. Häufig werden für Kraftfuttermischungen auch eiweißreiche Nebenprodukte aus der Speiseölherstellung verwendet, wie zum Beispiel Soja- oder Rapsschrot.

Die Silage im Fahrsilo ist etwa ein Jahr haltbar.

Warum kauen Kühe fünf bis acht Stunden täglich?

Kühe sind Wiederkäuer und reine Vegetarier. Das Verdauungssystem ist ihrer Ernährung ideal angepasst: Neben dem normalen Magen (Labmagen) verfügen sie über drei weitere Vormägen (Pansen, Netz- und Blättermagen). Die brauchen sie, weil Gräser und Kräuter schwer verdaulich sind und nur wenige Nährstoffe enthalten, die leicht verwertbar sind.

Kühe schlucken ihr Futter zunächst unzerkaut in den Pansen hinunter. Hier leben Millionen von Bakterien, die die schwer verwertbaren Pflanzenteile zersetzen und so der Kuh bei der Verdauung helfen. Vom Pansen aus gelangt das Futter in den Netzmagen und wird dort zu kleinen Ballen geformt. Etwa 30 bis 60 Minuten nach der Futteraufnahme beginnt die Kuh mit dem Wiederkäuen: Die vorverdaute Nahrung wird in kleinen Portionen wieder ins Maul hochbefördert, gründlich durchgekaut und dann wieder hinuntergeschluckt. Nach der Passage durch den Blättermagen erreicht das Futter den eigentlichen Magen der Kuh, den Labmagen. Eine Kuh kann so in kurzer Zeit viel Nahrung aufnehmen und sie später in Ruhe verdauen.

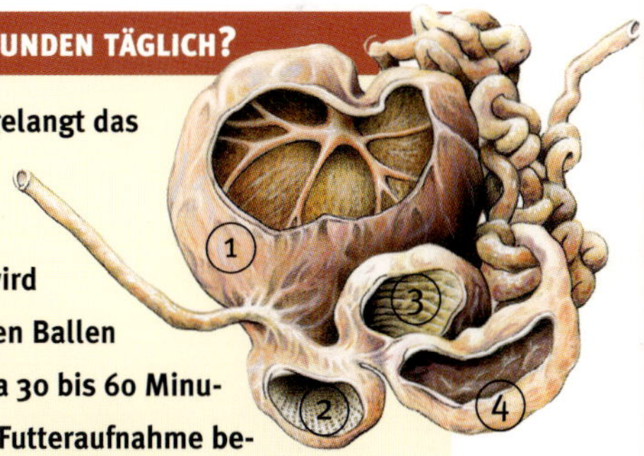

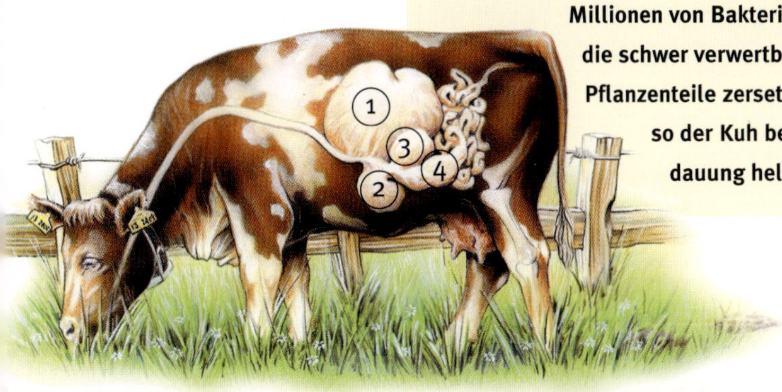

Kühe besitzen ein speziell an ihre Nahrung angepasstes Magensystem.

1 Pansen
2 Netzmagen
3 Blättermagen
4 Labmagen

1
2
3
4
5
6
7
9
10
11
12
11 309
31 056
20 240
20 240

Bereiche eines Laufstalls

1 In den mit Stroh eingestreuten Liegeboxen können die Kühe in Ruhe ihr Futter verdauen.

2 Frisches Wasser erhalten die Kühe an den Tränken, die sie mit ihrem Maul betätigen.

3 Für die Fellpflege gibt es oft Kratzbürsten im Stall, denn Kühe lieben eine Massage.

4 Am Kraftfutterautomaten bekommen Kühe die ihnen zugeteilte Kraftfuttermenge.

5 Jede Kuh trägt einen Mikrochip am Hals, durch den sie vom Computer des Kraftfutterautomaten erkannt wird.

6 Der Laufgang hat einen trittsicheren Spaltenboden. Kühe haben Angst vor glatten Böden, da sie schnell ausrutschen und sich verletzen können.

7 Tragende Kühe bleiben bis kurz vor der Geburt in einem gesonderten Abteil.

8 Jungtiere werden getrennt von den Milchkühen gehalten.

9 Nach dem Melken fressen die Tiere am Futtertisch.

10 Bevor morgens und abends das Melken beginnt, warten die Kühe auf dem Sammelplatz vor dem Melkstand.

11 Im Melkstand werden die Kühe 2-mal täglich gemolken.

12 In der Abkalbebox bereiten sich trächtige Milchkühe auf die Geburt ihres Kalbes vor.

13 Die Kälber werden in einem gesonderten Teil des Stalls aufgezogen.

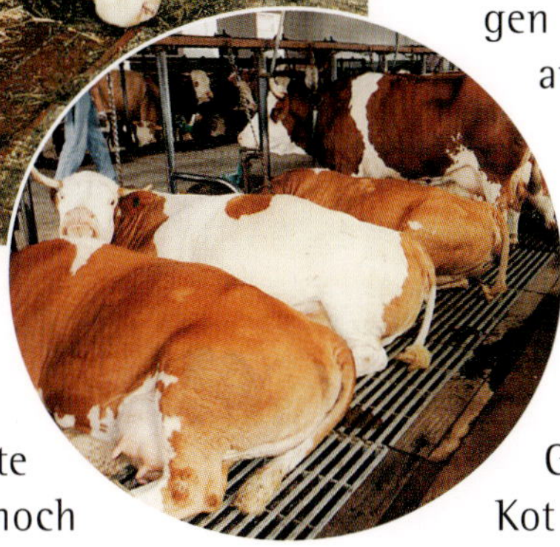

Der Anbindestall wird zunehmend vom tierfreundlicheren Boxenlaufstall abgelöst.

Wie sieht ein Kuhstall aus?

Milchkühe leben heute nur noch selten auf der Weide. Die meiste Zeit des Jahres verbringen sie im Stall, wo sie täglich gefüttert und gemolken werden. Man unterscheidet dabei zwischen Laufstall und Anbindestall.

Im Boxenlaufstall können die Kühe frei umherlaufen und fressen, ruhen oder schlafen. Für jede Kuh gibt es einen weichen, mit Stroh eingestreuten Liegeplatz. Kot und Harn fallen meistens außerhalb der Liegeboxen auf die Laufgänge. Wenn die Kühe über den Spaltenboden laufen, treten sie den Kot durch die Spalten in einen unterirdischen Tank. So bleibt es im Stall recht sauber und die Tiere verschmutzen nicht. Moderne Laufställe sind hell und gut durchlüftet, da natürliches Licht und viel frische Luft die Gesundheit der Tiere fördern. Zum Melken besuchen die Tiere morgens und abends den Melkstand, der gleich neben dem Stall liegt.

Als geselliges Herdentier fühlt sich eine Kuh im Laufstall besonders wohl, da sie ihre Artgenossen um sich hat. Anders sieht es dagegen im Anbindestall aus. Hier hat jedes Tier seinen eigenen Platz mit Futtertrog und Wassertränke. Das Hinterteil ragt über einen Gitterrost, in den Kot und Urin fallen.

Füttern, Liegen und oft auch das Melken finden an ein und demselben Ort statt. Dabei stehen oder liegen die Tiere nahe nebeneinander, sie haben nur Kontakt zu ihren Nachbarn.

Für große Kuhherden eignet sich die Anbindehaltung nicht. Sie stammt noch aus einer Zeit, als Bauern nur vier oder fünf Kühe besaßen. In der modernen Tierhaltung setzen sich deshalb zunehmend Laufställe durch, da sie tiergerechter und weniger arbeitsaufwändig sind.

Wie werden Kühe heute gemolken?

Zweimal am Tag – morgens und abends – gehen die Tiere zum Melken in den Melkstand. Hier arbeitet der Melker in einer vertieften Grube, damit er die Euter der Kühe gut erreichen kann.

Vor dem eigentlichen Melken kontrolliert der Bauer oder die Bäuerin die ersten Milchstrahlen aus den Zitzen einer Kuh, um beginnende Eutererkrankungen frühzeitig zu erkennen. Ist alles in Ordnung, reinigt der Bauer das Euter der Kuh und legt an alle vier Zitzen einen Gummisauger an. Jeder Sauger ist über eine Leitung mit einer Vakuumpumpe verbunden. Ungefähr jede Sekunde saugt die Maschine, dann lässt sie wieder locker – so ahmt sie die Saugbewegung eines Kalbes nach und regt den Milchfluss an.

Die euterwarme Milch fließt durch Schläuche und Rohrleitungen in einen großen Tank. Dort wird die Milch schnell auf vier Grad Celsius abgekühlt und aufbewahrt, bis der Milchtankwagen die Milch abholt.

Im Melkstand können mehrere Kühe gleichzeitig gemolken werden. Sobald ein Platz frei wird, kommt eine neue Kuh in den Melkstand herein und der Melker kann mit seiner Arbeit beginnen. Nach dem Melken kehrt die Kuh in den Stall zurück.

Schon beim Melken legt der Bauer großen Wert auf Sauberkeit, da Milch ein sehr empfindliches Lebensmittel ist. Auch nach dem Melken reinigt er gründlich alle Geräte, so dass im Melkstand immer alles blitzblank ist.

Rinder-ABC

Ganz junge Rinder heißen Kälber. Ab einem Alter von sechs bis acht Monaten bezeichnet man weibliche Rinder als Färsen und männliche als Jungstiere oder -bullen. Kuh darf sich ein weibliches Rind erst dann nennen, wenn es im Alter von zwei Jahren zum ersten Mal ein Kalb zur Welt bringt. Der Vater eines Kalbes – also ein männliches, geschlechtsreifes Rind – heißt Bulle oder Stier. Ein Ochse schließlich ist ein männliches Rind, das kastriert ist und deshalb keine Jungen mehr zeugen kann.

In einem schwarzen Vormelkbecher prüft der Melker die Milch auf Flocken oder Verfärbungen.

Biestmilch

Kurz vor der Geburt des Kalbes bildet die Kuh in ihrem Euter Biestmilch. Diese Milch enthält besonders viele Nähr- und Schutzstoffe, die für eine gesunde Entwicklung des Kalbes wichtig sind. Die dickflüssige und rötliche Biestmilch eignet sich nicht für den menschlichen Verzehr. Erst sechs Tage nach der Geburt des Kalbes normalisiert sich die Milch der Kuh; sie darf dann wieder an die Molkerei geliefert werden.

Was steckt in Milch?

Milch enthält fast alle Nährstoffe, die ein Mensch zum Leben braucht. Sie liefert vor allem hochwertiges Eiweiß, leicht verdauliches Fett sowie wertvolle Mineralien und Vitamine. Schon ein halber Liter Vollmilch deckt den täglichen Kalzium-Bedarf eines Erwachsenen zu zwei Dritteln. Der Milchzucker – auch Laktose genannt – sorgt für den süßlichen Geschmack. Er liefert viel Energie. Darüber hinaus enthält Milch die Vitamine A, D und E sowie Vitamine der B-Gruppe.

Bevor es Melkmaschinen gab, musste sich der Bauer unter jede Kuh bücken und diese mit der Hand melken. Das war eine anstrengende Arbeit, die viel Zeit kostete. Pro Kuh musste er eine Viertelstunde einplanen. Heute schafft eine Person problemlos 40 Kühe in einer Stunde.

Eine Milchkuh bekommt jedes Jahr ein Kälbchen.

Wie viele Liter Milch gibt eine Kuh?

Eine Kuh gibt erst Milch, wenn sie im Alter von zweieinhalb Jahren zum ersten Mal ein Kalb bekommt. Zur Geburt füllt sich ihr Euter prall mit Milch, damit der Nachwuchs sofort versorgt werden kann. Nun gibt die Kuh etwa zehn Monate lang jeden Tag Milch. Diese Phase wird auch Laktation genannt. Danach nimmt die Milchproduktion stark ab. Der Bauer hört auf die Kuh zu melken, damit sie sich in Ruhe auf die nächste Geburt vorbereiten kann.

Normalerweise produziert die Kuh nur Milch, solange das Kalb regelmäßig trinkt. Aber der Mensch hat die Natur geschickt überlistet: Wenn man die Kuh melkt und so das Saugen eines Kalbes nachahmt, gibt sie viel länger Milch. Eine Milchkuh bildet also mehr Milch, als sie für die Aufzucht ihres Kalbes benötigt. Durch Züchtung erreichen Kühe heute eine Milchleistung von durchschnittlich 6 000 bis 7 000 Litern pro Jahr, manche geben sogar mehr als 12 000 Liter. Wie viel Milch eine Kuh gibt, hängt nicht nur von der Rasse ab, sondern auch vom Alter. Eine Kuh, die zum ersten Mal gekalbt hat, gibt am Anfang etwa 15 bis 20 Liter Milch am Tag, nach sechs Wochen rund 28 Liter. Mit dem vierten Kalb beginnt die Milchproduktion schon bei rund 30 Litern pro Tag. Das Maximum kann über 40 Liter erreichen, Hochleistungskühe schaffen sogar bis zu 50 Liter. Ab dem fünften Kalb lässt die Milchleistung langsam nach.

Was passiert mit der Milch nach dem Melken?

Alle zwei Tage fährt der Milchwagen auf den Hof und holt die Milch ab. Dort wird sie rasch durch eine Schlauchverbindung in den Tank gepumpt und auf dem Weg zur Molkerei ständig gekühlt. Milch ist ein sehr empfindliches Lebensmittel. In der Molkerei wird daher als Erstes die Qualität geprüft. Die Untersuchung ist gesetzlich festgelegt, damit nur einwandfreie Milch in den Supermarkt kommt. Bevor die Milch im Supermarkt verkauft wird oder leckere Sachen wie Joghurt, Quark, Sahne und Käse entstehen, muss sie in der Molkerei erhitzt werden. Die Wärmebehandlung – das Pasteurisieren – tötet vorhandene Bakterien ab und verlängert die Haltbarkeit der Milch. Auch der Fettgehalt der Milch, der ganz natürlich zwischen 3,5 und 4 Prozent schwankt, wird in der Molkerei eingestellt – für Vollmilch auf 3,5 Prozent, für Magermilch auf 1,5 Prozent. Schließlich wird die Milch noch homogenisiert: Die winzigen Fetttröpfchen in der Milch werden nochmals zerkleinert, damit sie sich nicht als Rahm an der Milchoberfläche absetzen. Vor der Auslieferung in den Supermarkt füllt man die Milch meistens in Pappkartons oder Glasflaschen ab.

Sau, Eber und Ferkel

Diese Schweine genießen ihren Auslauf auf der Weide.

Warum hält der Mensch Schweine?

Schon vor 10 000 Jahren schätzte der Mensch das Schwein als Fleischlieferanten und nützliches Haustier. Lange Zeit hielt er die Schweine vor allem auf waldreichen Weiden. Damals gab es noch reichlich Wälder, in denen viele Eicheln und Bucheckern – die Leibspeise der Schweine – anfielen. Da sich Schweine ihr Futter in der Erde erschnüffeln, sorgten sie mit ihrer Wühlarbeit für eine gute Durchlüftung des Bodens und gruben Pflanzensamen unter. Manchmal trieb man Schweine auch zum Umgraben auf die Felder, ersparte sich so die lästige Arbeit des Pflügens und die Tiere düngten mit ihrem Kot gleichzeitig die Felder.

Heute ist das Schwein für uns der wichtigste Fleischlieferant. Die schnellwüchsigen Tiere bekommen viele Ferkel und liefern schmackhaftes Fleisch. Schweinefleisch ist daher sehr beliebt und ein wichtiger Eiweißlieferant für unsere Ernährung. Es enthält das für die Blutbildung wichtige Eisen und ist reich an Vitaminen, Mineralstoffen und Spurenelementen.

Von einem 100 Kilogramm schweren Schwein nutzen wir etwa 80 Kilogramm für unsere Ernährung. Neben Schnitzel und Braten wird Schweinefleisch auch zu länger haltbaren Produkten wie Wurst und Schinken verarbeitet. Bei uns gibt es etwa 1500 verschiedene Wurstsorten, die aus Muskelfleisch, Speck, Innereien, Salz und Gewürzen hergestellt werden.

Zur Eichelmast wurden Schweine in den Wald getrieben.

Die Zutaten für die Wurstherstellung werden zerkleinert, gut gemischt und in Wursthüllen abgefüllt.

Beliebtes Fleisch

Schweinefleisch kommt in Deutschland immer häufiger auf den Tisch. Während 1950 jeder Bürger etwa 20 Kilogramm Schweinefleisch pro Jahr verspeiste, sind es heute gut 50 Kilogramm. Um diesen Bedarf zu decken, wuchs die Zahl der gehaltenen Schweine von etwa zwölf Millionen auf über 26 Millionen an.

Wer heisst wie?

Die Jungtiere der Schweine werden von der Geburt an bis zu einem Gewicht von 25 Kilogramm als Ferkel bezeichnet. Weibliche Tiere, die noch keinen Nachwuchs hatten, heißen Jungsauen; nach der Geburt von Ferkeln werden sie Sauen genannt. Ein ausgewachsenes, männliches Schwein von einem Jahr heißt Eber, davor bezeichnet man es als Jungeber. Je nach Rasse sind Schweine rosa, schwarz, weiß oder gefleckt.

Die Gruppenhaltung der Schweine ermöglicht frühzeitiges Erkennen von Krankheiten oder technischen Problemen bei der Fütterung. Zum Spielen bekommen die Schweine Ketten oder Bälle.

Wie werden Schweine gehalten?

Bereits im 19. Jahrhundert begannen die Bauern, Schweine nicht mehr auf der Weide, sondern in Ställen zu halten. Heute leben fast alle Schweine in Ställen. Jeder Schweinehalter besitzt durchschnittlich etwa 250 Tiere; manchmal sind es sogar mehrere Tausend. Aus diesem Grund ist die Weidehaltung mittlerweile selten geworden, obwohl sie als besonders tiergerecht gilt. Denn von Natur aus wühlt das Schwein mit Eifer nach seiner Nahrung, nimmt gern ein Schlammbad und scheuert sich ausgiebig an Bäumen. In einem Stall kann der Bauer große Tierbestände aber besser beaufsichtigen und betreuen.

Da Schweine gesellige Tiere sind, werden sie heute – bei der Ferkelaufzucht und der Mast – meist in kleinen Gruppen von 10 bis 25 gleich alten Tieren gehalten. Im Schweinestall hat jede Gruppe eine eigene Bucht mit Futtertrog und Wassertränke. Schweine sind sehr sauber und wenn sie genug Platz im Stall haben, trennen sie Kot- und Schlafbereich peinlich genau. Sie spielen gern und nutzen daher die in die Buchten gelegten Beschäftigungsgegenstände wie bissfeste Bälle und Ketten mit Begeisterung.

Manche Bauern bieten Schweinen einen Auslauf, den Saugarten, in dem sie im Schlamm wühlen und sich suhlen können. Wenn sie sich im Schlamm wälzen, möchten sie sich abkühlen. Denn Schweine können nicht schwitzen, da sie keine Schweißdrüsen haben. Den getrockneten Schlamm streifen sie später wieder ab.

Wie wurde aus dem Wildschwein ein Hausschwein?

Das uns bekannte Hausschwein stammt vom Europäischen Wildschwein ab. Bis ins 18. Jahrhundert unterschieden sie sich im Aussehen kaum von ihren wild lebenden Artgenossen. Erst gegen Ende des 18. Jahrhunderts begann man in England mit einer gezielten Züchtung der Tiere. Damals wünschte man sich vor allem rundliche Schweine mit einer dicken Speckschicht. Im letzten Jahrhundert haben sich die Ernährungsgewohnheiten der Menschen aber stark geändert: Statt des Specks bevorzugte man immer mehr zartes und mageres Fleisch, wie es lange und schlanke Tiere liefern. Heutige Hausschweine wirken daher im Vergleich zu ihren Vorfahren lang gestreckt und schlank. Das veränderte Aussehen der Schweine bringen zwei zusätzlich angezüchtete Rippenpaare mit sich. Statt zwölf Rippen wie beim Wildschwein haben die neuen Schweine jetzt 16 Rippen – sie liefern also vier Koteletts mehr.

Europäisches Wildschwein

Was fressen Schweine?

Schweine unterscheiden sich in ihrer Ernährungsweise deutlich von Kühen, denn sie gelten wie der Mensch als Allesfresser. In der Natur verschmäht ein Schwein keinesfalls tierische Nahrung. Zu seinem Speiseplan gehören Pflanzenteile wie Eicheln, Pilze, Knollen und Früchte, aber auch Käfer, Raupen, Würmer, Frösche oder Mäuse.

Im Stall und auf der Weide füttert sie der Schweinehalter mit hochwertigem Futter, zum Beispiel grob gemahlenem Getreide, Mais, Rübenschnitzeln, Ackerbohnen, Erbsen und gekochten Kartoffeln. Ein großer Teil der Futterration besteht oft aus Getreide, das der Landwirt auf seinem Hof selbst anbaut.

Ein Schweinehalter muss die Futtermischung genau auf Alter, Gewicht und Nährstoffbedarf der Schweine abstimmen. Eine optimale Versorgung mit Nährstoffen ist wichtig, da zum Beispiel trächtige Sauen und junge Mastschweine sehr unterschiedliche Futteransprüche haben und nicht verfetten dürfen.

Im Stall füttert der Bauer entweder von Hand oder das Futter fließt computergesteuert in den Trog der Tiere. Damit die Schweine immer frisches Futter erhalten, steuert oft ein Sensor den Futtervorrat im Trog. Ist der Trog leer, wird er sofort mit einer neuen Portion Futter gefüllt.

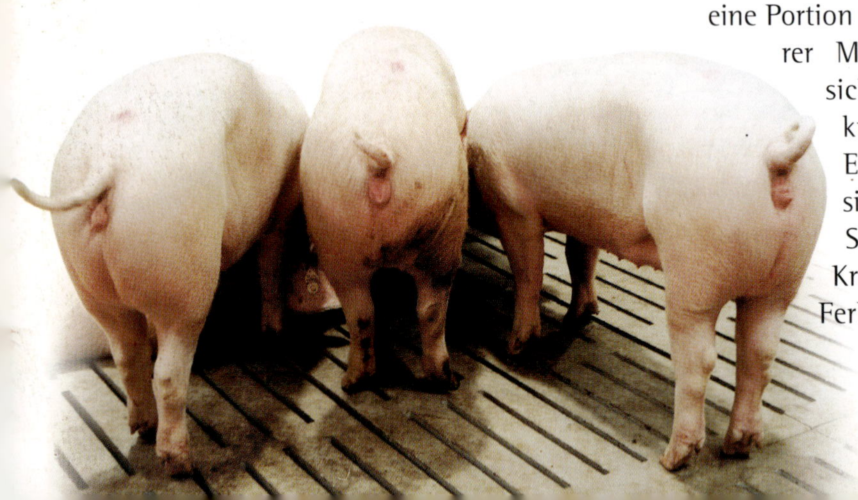

Ihren Bedarf an Wasser stillen Schweine an den Nippeltränken in der Bucht.

Wie viele Ferkel bekommt ein Schwein?

Zweimal im Jahr wirft eine Sau zehn bis zwölf Ferkel, manchmal sind es sogar 14 Stück. Die Trächtigkeit dauert drei Monate, drei Wochen und drei Tage. Nach dieser Zeit kommt der Nachwuchs in so genannten Abferkelbuchten mit einem Gewicht von rund 1,3 Kilogramm zur Welt. Hier verhindern Metallstangen ein schnelles Hinlegen der Sau, damit die kleinen Ferkel nicht von ihrer Mutter erdrückt werden. Durch einen Wärmestrahler, den der Bauer über das Ferkelnest hängt, hat der Nachwuchs es warm genug. Moderne Ställe haben sogar eine Bodenheizung: Sie verbraucht weniger Energie und das eingestreute Stroh kann kein Feuer fangen.

Die Ferkel holen sich – wie die Kälbchen – direkt nach der Geburt eine Portion Biestmilch bei ihrer Mutter ab, damit sich ihre Abwehrkräfte aufbauen. Erst dann haben sie einen eigenen Schutz gegen Krankheiten. Jedes Ferkel erobert sich

Familienleben

In der freien Natur bilden Schweine langlebige Familienverbände, die so genannten Rotten. Etwa fünf bis sechs Sauen leben mit ihrem Nachwuchs in einer Rotte zusammen. Dabei ist die älteste und erfahrenste Sau das Leittier. Die Schweine suchen zusammen Futter und bauen gemeinsame Schlafplätze, suhlen gern mit anderen Schweinen und verteidigen die Gruppe vor Feinden und Gefahren. Die männlichen Mitglieder werden im Alter von etwa 18 Monaten aus der Gruppe vertrieben und leben von da an als Einzelgänger. Nur zur Paarung gesellen sie sich wieder zur Rotte.

Eicheln gehören zur Leibspeise der Schweine. Heute bekommen Schweine eine fertige Futtermischung, die alle wichtigen Nährstoffe enthält.

Nach etwa vier Wochen Säugezeit kommen die Ferkel in den Aufzuchtstall.

seine eigene Zitze, die es nach Kräften gegen seine Geschwister verteidigt. Besonders beliebt sind dabei die vorderen Zitzen der Sau, da hier am meisten Milch fließt. Die Ferkel werden rund vier Wochen gesäugt, dann verlassen sie ihre Mutter und kommen in den Ferkelstall. Bereits eine Woche nach Ende der Säugezeit kann die Sau wieder vom Eber gedeckt werden.

Wie sieht die Mast der Schweine aus?

Bevor die Mast beginnen kann, müssen die neugeborenen Ferkel zunächst ein Stück wachsen. Der Nachwuchs bleibt etwa vier Wochen bei seiner Mutter, bis die Tiere mit einem Gewicht von sechs bis acht Kilogramm in den Stall für Ferkel kommen. Die kleinen Schweine mögen es gerne warm, deshalb leben sie getrennt von den älteren Tieren, die kühlere Temperaturen bevorzugen. Nach weiteren sechs Wochen bringt der Bauer die Schweine in den Maststall. Sie wiegen jetzt etwa 20 bis 25 Kilogramm und die eigentliche Mast der Tiere kann beginnen.

Am Anfang der viermonatigen Mast dürfen die Tiere noch so viel fressen, wie sie wollen. Nur in den letzten drei Wochen werden sie auf Diät gesetzt, damit sie nicht zu fett werden. Sie bekommen etwas weniger Futter, als sie normalerweise fressen könnten. Auf diese Weise bekommt man Tiere mit viel magerem Fleisch, das vom Metzger gut bezahlt wird.

Gewichtszunahme

Früher dauerte es zwei bis drei Jahre, bis ein Schwein für den damaligen Geschmack fett genug war. Heute ermöglichen Fortschritte in Zucht, Haltung und Fütterung, dass Schweine im Alter von gut sechs Monaten schlachtreif sind. In dieser Zeit erreichen Schweine ihr Schlachtgewicht von 80 bis 120 Kilogramm. Für jedes Kilogramm, das ein Schwein an Gewicht zunimmt, benötigt es drei Kilogramm Futter. Bis zur Schlachtreife frisst jedes Tier also fast 300 Kilogramm Futter.

Die Gitter in der Abferkelbucht sollen verhindern, dass sich die Sau versehentlich auf die Ferkel legt. Schließlich wiegt die Sau 100-mal so viel wie ihr Nachwuchs.

Hahn, Henne und Küken

Die Entstehung eines Eis beginnt im Eierstock der Henne. Hier befinden sich unzählige Eizellen, von denen sich jeden Tag eine zu einem Ei entwickeln kann. Diese Eizelle reift zunächst zur Dotterkugel heran und wandert in den Eileitertrichter. Trifft die Dotterkugel hier auf die Samenzellen des Hahns, wird ein Küken daraus. Verlässt sie den Eileitertrichter unbefruchtet, wird es ein Frühstücksei.

Wie entsteht ein Küken?

Ob befruchtet oder unbefruchtet – die gelbe Dotterkugel wandert durch den Eileiter in Richtung Kloake. Auf ihrem Weg wird sie nach und nach von mehreren Lagen Eiklar umwickelt. Zum Schluss wird das Ei mit einer festen Kalkschicht überzogen.

Damit aus einem befruchteten, frisch gelegten Ei ein Küken wird, muss es von der Henne drei Wochen bebrütet werden. Die Henne wendet das Ei immer wieder und sorgt für eine gleich bleibende Temperatur von etwa 38° C. Nach drei Bruttagen entwickeln sich im Ei Blutgefäße, die den Embryo mit Nährstoffen aus dem gelben Eidotter versorgen. Bereits nach zwei Wochen füllt das heranwachsende Küken fast das ganze Ei aus. Um sich Platz zu verschaffen durchsticht es am 17. Tag die Eimembran und steckt Kopf und Schnabel in die Luftkammer. Die Lungen fangen jetzt an zu arbeiten und das Küken nimmt sogar schon das Gackern und die Glucklaute seiner Mutter wahr. Ab dem 19. Tag verständigt sich das Küken durch Piepsen mit seiner Mutter, obwohl es noch im Ei steckt. Die Entwicklung ist nun fast beendet und der Dotter beinahe aufgebraucht.

Spätestens nach 21 Tagen durchstößt das Küken mit seinem harten Eizahn auf dem Schnabel die Eischale. Jetzt dauert es nur noch wenige Stunden, bis es das Loch kreisförmig erweitert hat und aus dem Ei schlüpfen kann.

... UND SONNTAGS AUCH MAL ZWEI?

Normalerweise legt ein Huhn so viele Eier, bis das Nest voll ist und brütet sie aus. Da wir Menschen gern Eier essen, überlisten Hühnerhalter die Tiere und sammeln die gelegten Eier täglich ein. Das verleitet die Hennen dazu, immer weiter Eier zu legen, da sie nie ein gefülltes Nest vorfinden. Dank Züchtung und gutem Futter kommen unsere Hennen auf beinahe 300 Eier pro Jahr – sie legen also fast jeden Tag ein Ei. Das Stammhuhn aller heutigen Rassen, das Bankiva-Huhn, legte ursprünglich nur sechs bis zwölf Eier.

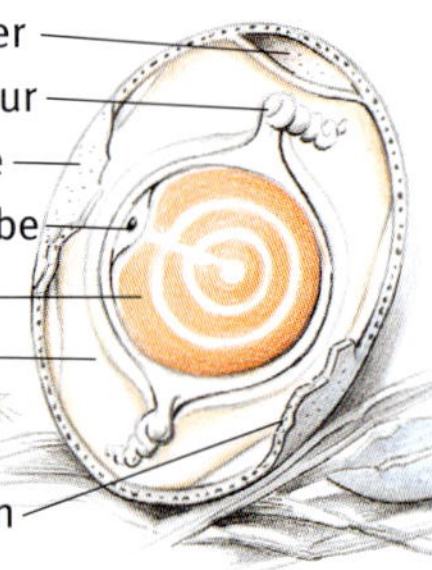

Das Ei gibt dem Küken für die Entwicklung 21 Tage lang Nahrung und Schutz.

Entwicklung eines Kükens

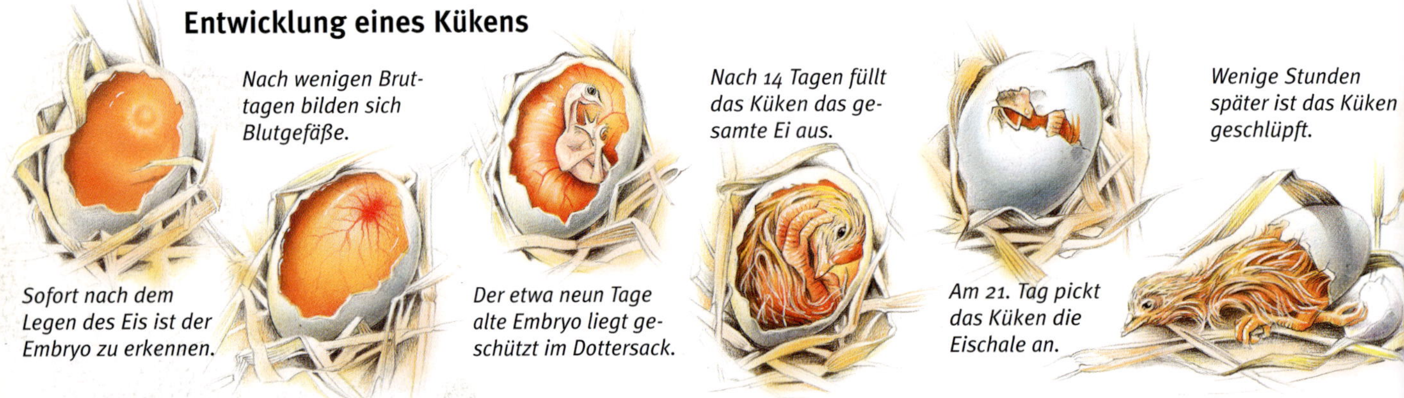

Sofort nach dem Legen des Eis ist der Embryo zu erkennen.

Nach wenigen Bruttagen bilden sich Blutgefäße.

Der etwa neun Tage alte Embryo liegt geschützt im Dottersack.

Nach 14 Tagen füllt das Küken das gesamte Ei aus.

Am 21. Tag pickt das Küken die Eischale an.

Wenige Stunden später ist das Küken geschlüpft.

Dicht zusammengedrängt sitzen Hühner in der Käfighaltung.

Mehr Bewegungsfreiraum bietet die Bodenhaltung, rechts ein Nest.

Kennzeichnungspflicht

Viele Menschen interessieren sich nicht nur für den Preis und die Qualität der Eier, sondern auch für die Art und Weise, wie die Hühner gehalten werden. Seit 2004 muss deshalb die Art der Hühnerhaltung auf der Eierverpackung angegeben sein.

Leicht zerbrechlich?

Die Eierschale ist ein kleines Wunderwerk. Sie enthält je Ei etwa 10 000 winzige Poren und ermöglicht dem Küken im Ei das Atmen. Dabei ist die luftdurchlässige und zerbrechlich wirkende Schale bei Druck von außen enorm stabil. Von innen kann ein Küken die Schale aber leicht zerstören.

In den ersten Tagen braucht das Küken viel Wärme.

Wie werden Hühner gehalten?

Für die Haltung von Hühnern gibt es drei Möglichkeiten: Käfig-, Boden- und Freilandhaltung.
Bei der Käfighaltung sitzen meist mehrere Hennen in einem engen Käfig aus Drahtgittern. In diesen so genannten Legebatterien stehen die Käfige eng nebeneinander, sie stapeln sich in vier, fünf oder mehr Etagen übereinander. Diese Haltung gilt als sehr sauber, da Kot und Harn durch den Käfigboden auf ein Förderband fallen und laufend abtransportiert werden. Sogar die Eier rutschen auf Bändern fort und werden sofort eingesammelt. Die Enge in den Käfigen verhindert jedoch alle natürlichen Verhaltensweisen der Hühner wie Scharren oder Flügelschlagen. Aus diesem Grund sollen die Legebatterien in der EU verboten werden.

In der Bodenhaltung leben Hühner in einem geschlossenen Stall. Ein Teil des Bodens ist mit Stroh, Hobelspänen oder Sand eingestreut. Tagsüber bewegen sie sich frei im Stall, während sie nachts auf erhöhten Sitzstangen schlafen. Ihre Eier legen die Hennen in Nester, die täglich geleert werden. Im Vergleich zur Käfighaltung kosten die Eier aus der Bodenhaltung etwas mehr Geld, da der Bauer mehr Platz für die gleiche Anzahl von Hennen benötigt und mehr Zeit zum Eiersammeln braucht.

Noch etwas teurer sind die Eier aus der Freilandhaltung. Hier scharren und picken die Hühner im Freien und suchen tagsüber nach Nahrung. Zu den Würmern und Samen, die sie am Boden finden, erhalten sie regelmäßig eine Ration Futter. Die Nacht verbringen sie geschützt im Stall, so dass Greifvögel oder Füchse ihnen nichts anhaben können. Auch zum Eierlegen gehen die Hühner in den Stall, wo Nester aus Stroh und Heu für sie stehen. Die Eier werden ein- bis zweimal täglich eingesammelt. Viele Menschen zahlen für solche Eier gern etwas mehr Geld, da Freilandhühner artgerecht leben.

Freilandhühner

Beim Sandbaden schleudern Hühner sich Sand in ihr Gefieder, um es zu reinigen.

Warum brauchen Hühner Auslauf?

In der Natur verbringen Hühner fast den ganzen Tag mit der Suche nach Futter. Sie sind regelrechte Workaholics und wollen für ihr Futter arbeiten – sie picken und kratzen nach Samen und Grünfutter oder scharren schwungvoll mit den Füßen im Boden nach Insekten und Würmern.

Hühner sind aktive Tiere: Sie laufen gern umher und erkunden neugierig die Gegend, sie flattern, fliegen oder putzen ausgiebig ihr Gefieder und lieben Sandbäder. Können Hühner diese natürlichen Bedürfnisse nicht befriedigen, kann es zum Federpicken kommen. Die Hühner nehmen plötzlich ihre Artgenossen aufs Korn und rupfen ihnen die Federn aus. Diese Verhaltensstörung kann so weit gehen, dass die bepickten Tiere schließlich völlig kahl sind. Federpicken entsteht oft, wenn die Tiere keine oder zu wenige Möglichkeiten haben, artgerecht nach Futter zu picken. Einstreu im Stall, Plätze zum Sandbaden und viel Auslauf oder Weidegang helfen, dieser Langeweile vorzubeugen. Abhilfe verschafft auch eine vielseitige und abwechslungsreiche Mahlzeit.

Steine im Magen

Wie alle Vögel besitzen Hühner keine Zähne, mit denen sie die Nahrung zerkleinern können. Das unzerkaute Futter wird zuerst in einer Ausbuchtung der Speiseröhre – dem Kropf – gesammelt und aufgeweicht. Zerkleinert wird die Nahrung erst im Magen. Der Futterbrei wird dort etwa zwei Stunden lang durchgeknetet und zermahlen. Hierbei helfen kleine Steinchen, die frei lebende Hühner vom Boden aufpicken oder die im Stall unter das Futter gemischt werden. Die Steine schluckt das Huhn nicht etwa zufällig hinunter, sie unterstützen ganz gezielt die Verdauung des Futters.

Enten und Gänse

Heute sieht man Enten und Gänse nur noch selten auf den Bauernhöfen. Sie werden meist aus Freude an den Tieren gehalten. Aber nach wie vor essen wir zu Weihnachten gerne einen leckeren Enten- oder Gänsebraten. Sogar ihre Federn und feinen Daunen finden eine sinnvolle Verwertung. Sie wärmen hervorragend und eignen sich vor allem für die Füllung von Kopfkissen und Bettdecken.

Enten halten sich mit Vorliebe am Wasser auf.

Bis auf wenige Ausnahmen leben Gänse und Enten in Deutschland auf Weiden. Sie suchen sich dort den größten Teil ihres Futters selbst. Die Schwimmhäute zwischen ihren Zehen zeigen, dass sie Wasservögel sind – richtig wohl fühlen sie sich daher nur, wenn sie nach Lust und Laune im Wasser baden können. Seit einigen Jahren wächst die Bedeutung der Enten wieder, da einige Landwirte und Gärtner die Allesfresser als eifrige Schneckenvertilger einsetzen.

Junge Gössel im Gänsemarsch

Putenställe werden regelmäßig mit Stroh oder Holzspänen eingestreut.

BRÜTEREI

Ein Hähnchenmäster bezieht die einen Tag alten Küken von spezialisierten Brütereien. Dort werden die Eier in großen computergesteuerten Brutkammern 21 Tage bebrütet.

Im Hähnchenstall regelt ein Computer Licht, Luftfeuchtigkeit sowie Temperatur und notiert den Futterverbrauch.

Woher kommt das Geflügelfleisch?

Pro Jahr verspeist jeder von uns etwa zwölf Kilogramm Geflügelfleisch – hauptsächlich von Hähnchen und Puten. Es erfreut sich wachsender Beliebtheit, da es sehr mager und eiweißreich ist. In Deutschland erfolgt die Mast von Hähnchen und Puten ausschließlich in Bodenhaltung mit Einstreu.

Für die Hähnchenproduktion werden heute speziell gezüchtete Tiere eingesetzt. Durch Auslese und gezielte Züchtung gelang es, nicht nur die Eierleistung von Legehennen zu steigern, sondern auch schwere Fleischhühner für die Mast zu züchten. Sie zeichnen sich durch schnelleres Wachstum aus und setzen viel mehr Fleisch an als Legehühner.

Die Leistung der modernen Mastrassen ist enorm: Ein Küken wächst heute innerhalb von 40 Tagen zu einem fast zwei Kilogramm schweren Hähnchen heran. Masthühner nehmen pro Tag mehr als 40 Gramm zu. Um ein Kilogramm schwerer zu werden, fressen die Tiere nur 1,8 Kilogramm Futter. Das ist deutlich weniger Futter als alle anderen Nutztiere dafür benötigen. Das Futter besteht aus Mais und Weizen, dazu kommt eiweißhaltiges Futter wie Soja, Mineralien und Vitamine.

Die Pute, auch Truthahn genannt, stammt aus Amerika und wurde um 1520 nach Europa gebracht. Puten zählen zu den Schwergewichtlern unter den Geflügelarten, je nach Rasse wiegen sie 5 bis 18 Kilogramm. Sie sind das einzige Geflügel, das helles und dunkles Fleisch besitzt. Entsprechend unterscheidet sich auch der Geschmack der einzelnen Fleischteile.

Da Puten viel frische Luft mögen, haben die Ställe häufig offene Seitenwände. Weibliche Tiere erreichen ihr Schlachtgewicht von 9 Kilogramm nach etwa 16 Wochen. Bei den männlichen Tieren dauert die Mast etwas länger – sie sind mit bis zu 18 Kilogramm nach 22 Wochen schlachtreif.

Truthahn

Schaf und Ziege

Wanderschäfer mit seiner Herde

Geben Schafe außer Wolle und Fleisch auch Milch?

Manche Schafe geben über 1000 Liter Milch pro Jahr. Das ist eine erstaunliche Leistung, wenn man die geringe Größe dieser Tiere bedenkt. Je nach Rasse erreichen Schafe ein Gewicht von etwa 60 bis 100 Kilogramm.

Obwohl die Milch des Schafes als sehr gesund gilt und süß schmeckt, findet man in Deutschland nur wenige Schafhalter, die ihr Geld mit der Milch von Schafen verdienen. Die Tiere werden heute hauptsächlich wegen ihres wohl schmeckenden Fleisches gehalten. Besonders zu Ostern schätzen viele das zarte und magere Fleisch der jungen Lämmer.

Bis vor gut 60 Jahren stand aber die Wolle der Schafe im Mittelpunkt des Interesses. Mit ihr ließ sich genauso viel Geld verdienen wie mit dem Fleisch eines Schafes. Aus den tierischen Fasern stellte man damals wärmende Stoffe für Pullover und Decken her. Doch seit der Erfindung der Kunstfaser hat die Schafwolle immer mehr an Bedeutung verloren. Mittlerweile deckt der Erlös für die 3 bis 4 Kilogramm Wolle pro Schaf kaum noch die Kosten für die Schur des Tieres. Die Schur ist aber eine wichtige Pflegemaßnahme und wird deshalb regelmäßig durchgeführt.

Einmal im Jahr werden Schafe geschoren.

Warum sind Schafe Landschaftspfleger?

Die genügsamen Schafe mit ihrer dicken Wolle eignen sich gut für die Pflege der Landschaft. Denn Schafe gehören wie Rinder und Ziegen zu den Wiederkäuern, sie fressen Gras und Kräuter. Außerdem knabbern Schafe gern an ganz jungen Baumpflänzchen, so dass sich kein Wald bilden kann. Auf diese Weise

Viel Auslauf

In Deutschland leben heute knapp 2,5 Millionen Schafe. Im Gegensatz zu Schweinen und Rindern verbringen sie meist viel Zeit auf Wiesen und Weiden. In der Regel werden Schafe nur während der Wintermonate im Stall gehalten. Da sie zu den Wiederkäuern zählen, ernähren sie sich hauptsächlich von Gras und Kräutern.

Milchschafe auf der Weide

GEMISCHTE HERDEN

Häufig laufen in einer Schafherde auch einige Ziegen mit. In einer solchen gemischten Herde übernehmen sie immer die Führung. Anders als Schafe behaupten sich die wehrhaften Ziegen auch gegen Feinde und Gefahren.

Burenziegen stammen aus Südafrika. Sie eignen sich sehr gut für die Landschaftspflege.

KLETTERKÜNSTLER

Schafe und Ziegen nutzen geschickt futterarme Wiesen oder bergige Weiden, auf denen die anspruchsvolleren Rinder nicht weiden können.

erhalten sie offene und baumlose Landschaften, wie zum Beispiel Heiden oder Magerrasen, die seltene Pflanzen und Tiere beherbergen. Ohne Beweidung oder regelmäßiges Mähen würden diese Flächen allmählich verbuschen oder verwalden. Im Gegensatz zu den großen Traktoren mit Mähwerk stellen für die Schafe auch steinige und steile Flächen kein Hindernis dar.

Einige Schäfer ziehen daher mit ihren Schafen langsam von Weideplatz zu Weideplatz. Nur ein oder zwei Hunde helfen ihnen, die Herde beisammenzuhalten.

Wer ist „die Kuh des kleinen Mannes“?

Früher galt die Ziege in Deutschland als „die Kuh des kleinen Mannes“, da sie mit kargem Futter auskommt und weniger Geld kostete als eine teure Kuh. Aus diesem Grund hielten vor allem arme Leute Ziegen. Sie nutzten die Milch und das Fleisch der Tiere, aber auch deren wertvolle Felle.

Ziegen sind sehr genügsam und obwohl sie wenig fressen, geben sie viel Milch: Die kleinen Wiederkäuer erreichen eine Milchleistung von bis zu 1000 Litern pro Jahr. Ziegenmilch ist leicht verdaulich und bietet eine gute Alternative für Menschen, die keine Kuhmilch vertragen.

An das Futter stellen Ziegen keine hohen Ansprüche, jedoch entwickeln sie sich tagsüber auf der Weide zu munteren Feinschmeckern. In der Hoffnung auf einen guten Futterplatz ist die Ziege ständig auf Entdeckungen und den nächsten Leckerbissen aus. So stellt sie sich ein abwechslungsreiches Menü aus den verschiedensten Kräutern und Gräsern zusammen. Außerdem verbeißt sie zuverlässig Bäume und Sträucher, da sie gerne an deren Ästen und Blättern knabbert.

Über 90 Prozent der Ziegen leben in Ländern mit schwierigen Klimaverhältnissen. Sie eignen sich besonders für Regionen, in denen wenig Gras wächst und Rinder nicht genug Futter finden. In vielen Ländern sichern Ziegen sogar die Ernährung der Menschen.

In Deutschland gibt es heute nur noch wenige Ziegen – viel weniger als Kühe. Sie liefern in erster Linie Milch, die man im frischen Zustand kaum von der Kuhmilch unterscheiden kann. Erst nach einiger Zeit tritt ein strenger Geschmack auf, der im Ziegenkäse aber oft erwünscht ist.

Ziegen lassen sich ohne Probleme mit der Melkmaschine melken. Man gibt diesen lebhaften Tieren währenddessen etwas Kraftfutter.

Die Bunte Deutsche Edelziege ist gut am schwarzen Strich auf dem Rücken zu erkennen.

Pflanzen – vom Acker auf den Teller

Welche Getreidearten gibt es?

Unsere wichtigsten Getreidearten sind Weizen, Roggen, Gerste und Hafer. Mit Ausnahme des Hafers gibt es von jeder Art Winter- und Sommergetreide. Wintergetreide sät der Bauer bereits im Herbst. Es nutzt die feuchten Herbsttage zum Keimen und verbringt den Winter als kleines Pflänzchen, das auch große Kälte vertragen kann. Wenn sich die Erde im Frühjahr erwärmt, beginnen Gerste, Weizen und Roggen wieder zu wachsen. Im Vergleich zum Sommergetreide, das der Bauer erst im Frühjahr aussät, hat Wintergetreide mehr Zeit zum Wachsen.

Der Weizen ist in Deutschland die wichtigste Getreideart, da viele Brot- und Brötchensorten aus Weizenmehl hergestellt werden. Im Frühjahr verwechseln viele Menschen die jungen Weizenpflanzen mit Gras. Aber spätestens im Sommer erkennt man den Weizen an seinen dicken Ähren. Bei der Gerste fallen dagegen die langen Grannen auf, sie hängen wie Haare herunter. Aus Gerste stellt man Bier her, sie wird aber auch an Geflügel und Schweine verfüttert. Für dunkle Brotsorten verwendet man Roggen, und je mehr Roggenmehl in einem Brot ist, desto kräftiger schmeckt es. Mit seiner graugrünen Färbung kann man den Roggen leicht von den anderen Getreidesorten unterscheiden. Noch einfacher ist der Hafer zu erkennen, da seine Körner nicht in einer Ähre, sondern in einer Rispe wachsen. Die einzelnen Haferkörner hängen hier wie kleine Glöckchen einzeln nebeneinander. Wegen des hohen Eiweißgehaltes findet Hafer vor allem als Futter für Pferde und Geflügel Verwendung.

Wintergetreide

Wegen der höheren Erträge bauen Landwirte meistens Wintergetreide auf ihren Feldern an. Am häufigsten entscheiden sie sich für den Winterweizen, der im Vergleich zum restlichen Wintergetreide auf den meisten Standorten bessere Erträge liefert. Weizen stellt aber höhere Ansprüche an den Boden als Gerste oder Roggen.

Mais und Reis zählen auch zu den Getreidearten. In Deutschland erntet man meist die ganze Maispflanze und verfüttert sie als Silomais an Rinder. Reis stammt aus Asien und kann in Deutschland nicht angebaut werden, da Reispflanzen sehr viel Wärme und Licht benötigen und nur auf Feldern wachsen, die mit Wasser überflutet sind.

Der Landwirt kontrolliert die gekeimte Saat.

Wie wird Getreide gesät?

Bevor der Landwirt das Getreide säen kann, muss er die Felder für die Saat vorbereiten. Er lockert und vermengt den Boden mit Pflug oder Grubber und arbeitet dabei die Pflanzenreste von der letzten Ernte ein. Anschließend ebnet er den Boden mit der Egge und erhält so eine feinkrümelige Oberfläche. Oft geschieht Eggen und Säen in einem Arbeitsgang. Die Sämaschine läuft dann direkt hinter der Egge, damit der Bauer nicht ein zweites Mal über das Feld fahren muss.

In Abhängigkeit von Boden und Klima sucht der Landwirt eine geeignete Getreidesorte für die Aussaat aus und bringt das Saatgut mit der Sämaschine aufs Feld: Zunächst füllt er das Saatgut in den Korntank der Sämaschine. Der Korntank sieht wie ein großer Trichter aus. Von hier aus rutschen die Körner in das Särad. Das Särad dreht sich und zieht dabei mit seinen Zähnen die Saatkörner aus dem Korntank. Je schneller sich das Rad dreht, desto mehr Körner fallen durch die Röhren in das Saatschar. Die Sämaschine stellt der Bauer so ein, dass ungefähr 350 Körner pro Quadratmeter verteilt werden. Das Säschar drückt während der Fahrt über das Feld zwei Zentimeter tiefe Rillen in die feinkrümelige Erde – die Saatspuren. In die Saatspur fallen in regelmäßigen Abständen einzelne Saatkörner hinein, die vom Striegel sofort wieder mit Erde bedeckt werden. Der Striegel besteht aus Metallstangen, die am Boden entlangschleifen und dabei die Körner mit Erde zudecken.

Nun sind die Getreidekörner gefragt, denn bis zur Ernte des Wintergetreides dauert es fast zehn Monate. Genug Zeit also, damit sich aus den Saatkörnern neue Pflanzen mit dicken Ähren entwickeln können.

Brot- und Futtergetreide

In Deutschland verwendet man hauptsächlich Weizen und Roggen für das Backen von Brot und Brötchen. Diese Getreidearten nennt man deshalb auch Brotgetreide, während Gerste, Hafer und Mais zum Futtergetreide zählen. Von der gesamten Ernte an Brotgetreide werden nur 20 Prozent zu Mehl verarbeitet. Der Rest wird ebenso wie Gerste, Hafer und Mais zum größten Teil an Tiere verfüttert.

Striegel und Saatschar im Einsatz

Die mechanische Sämaschine legt das Saatgut gleichmäßig in den Boden.

Wie funktioniert ein Mähdrescher?

Wenn die einzelnen Getreidekörner in den Ähren reif sind, erntet der Bauer das Getreide mit dem Mähdrescher. Diese Maschine erledigt alle Arbeitsgänge in einem Schritt: Sie schneidet das Getreide ab, entfernt die Körner aus den Ähren und trennt das Korn vom Stroh. Das Getreide bleibt im Korntank des Mähdreschers, das Stroh auf dem Feld. Ist der Korntank voll, wird das Getreide auf einen Anhänger umgeladen und abgefahren.

Vorn am Mähdrescher befinden sich links und rechts die Halmteiler. Das Getreide, das während der Fahrt zwischen sie gerät, wird von der sich drehenden Haspel zum Schneidwerk gedrückt. Dort bewegen sich scharfe Messer schnell hin und her und schneiden die Getreidehalme ab. Die abgeschnittenen Halme werden von der Einzugsschnecke und der Einzugskette in den Dreschkorb befördert. Hier drehen sich verschiedene Trommeln mit sehr hoher Geschwindigkeit. Zwischen Trommeln und Dreschkorb entsteht eine große Reib- und Schlagwirkung, so dass sich die Getreidekörner aus den Ähren lösen und durch die Zwischenräume des Dreschkorbs nach unten fallen. Das Stroh wird nach hinten auf den Schüttler geschleudert. Dort bewegen sich Metallsiebe hin und her, damit auch die restlichen Körner aus dem Stroh geschüttelt werden. Während das Stroh hinten aus dem Mähdrescher fällt, gelangen die verbliebenen Körner über den Rücklaufboden zum Vorbereitungsboden. Hier treffen sie auf das bereits ausgedroschene Getreide der Dreschtrommel.

Im letzten Arbeitsschritt – der Reinigung – werden die Körner von Strohresten und Unkrautsamen befreit. Ein Gebläse sorgt dafür, dass nur die schweren Getreidekörner durch das Ober- und Untersieb fallen. Die leichteren Strohreste und Unkrautsamen fliegen durch den Wind des Gebläses zurück auf das Feld, während ein Aufzug, der Elevator, die gesiebten Getreidekörner in den Korntank hebt.

Ein moderner Mähdrescher erntet pro Stunde bis zu 15 Tonnen Getreide.

Maschinenring

Heutige Mähdrescher stecken voller Technik und kosten sehr viel Geld. Daher nutzen viele Bauern einen Mähdrescher über den Maschinenring. Ein Maschinenring ist ein freiwilliger Zusammenschluss von mehreren Landwirten, die teure Maschinen aus Kostengründen gemeinsam kaufen und nutzen.

Wie wird aus Getreidekörnern Mehl?

Mahltechniken

Vor 5000 Jahren zerrieben unsere Vorfahren das Getreide von Hand zwischen zwei Steinen. Etwa 1000 Jahre vor Christus begann man, für diese mühsame Arbeit die Wasserkraft zu nutzen. Alte Mühlen liegen deshalb häufig an Wasserläufen. Ende des 18. Jahrhunderts betrieb man eine Mühle erstmals mit einer Dampfmaschine. Heute findet man in fast allen Mühlen Elektromotoren.

Die alten Ägypter mahlten Korn zwischen Steinen.

Da bei der Getreideernte sehr oft Strohreste, Steinchen und fremde Körner in das Getreide gelangen, wird es vor dem Mahlen gereinigt. In der Mühle gibt es dafür zahlreiche Geräte: Der Aspirateur reinigt das Getreide, indem er leichtere Teile mit Luft absaugt. Schwerere Teile werden mit Sieben entfernt, während Magnete kleine Metallteile aus dem Getreide ziehen. In der Scheuermaschine wird das Korn gescheuert und gebürstet. Erst wenn das Getreide ganz sauber ist, verarbeitet man es weiter.

Damit sich die Schale eines Korns leichter vom Mehlkern löst, wird es mit einer exakt dosierten Wassermenge gleichmäßig befeuchtet. Danach geht es zum Herzstück der Mühle, den Walzenstühlen. So nennt man Maschinen, die das Korn vorsichtig zerkleinern und das Mehl von den Schalenteilen trennen. Hier arbeiten jeweils zwei parallel angeordnete Walzen. Sie sind unterschiedlich stark geriffelt und drehen sich gegeneinander. Dadurch wird

Ein Müller prüft verschiedene Mehltypen.

das Getreidekorn schonend aufgebrochen und der Mehlkern von der Schale gelöst.

Bis ein Getreidekorn fertig zu Mehl verarbeitet ist, muss es mehrmals im Walzenstuhl zerkleinert und anschließend jedes Mal gesiebt werden. Das Mahlgut wird so oft zwischen den Walzen zerrieben, bis es den gewünschten Feinheitsgrad hat.

Anschließend kommen Schrot und Mehl in die Mehlsilos. Von dort werden sie verpackt und an Bäcker und Lebensmittelindustrien geliefert.

Was macht das Korn so wertvoll?

Das Getreidekorn enthält fast alle Stoffe, die ein Mensch für eine gesunde Ernährung braucht: Energie spendende Kohlenhydrate, Eiweiß, Fett, wichtige B-Vitamine für den Stoffwechsel und zahlreiche Mineralien. Ballaststoffe sorgen für ein langes Sättigungsgefühl und beugen Verstopfungen im Darm vor. Die verschiedenen Getreidearten unterscheiden sich kaum in ihren Inhaltsstoffen; im Korn selbst sind die Stoffe allerdings sehr unterschiedlich verteilt. Während die Randschichten viele Mineral- und Ballaststoffe enthalten, besteht der Mehlkörper hauptsächlich aus Kohlenhydraten. Der Keimling, aus dem eine neue Getreidepflanze entsteht, ist reich an Fett und Eiweiß.

Da man für weißes Mehl nur den Mehlkörper eines Korns verwendet, ist der gesundheitliche Wert von Weißbrot und hellem Gebäck gering. Ballaststoffe, Mineralien und Vitamine sitzen hauptsächlich in den Randschichten des Korns.

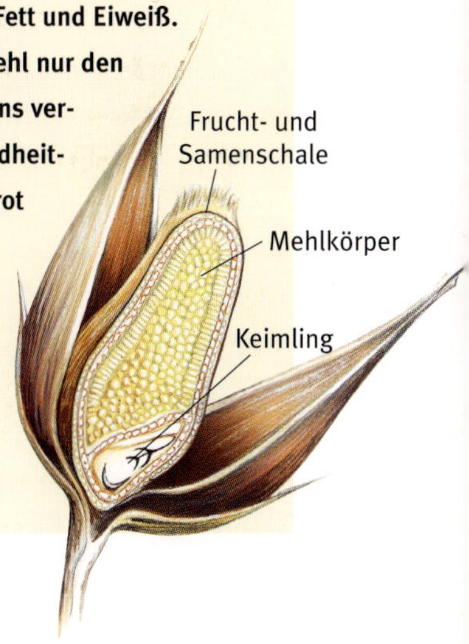

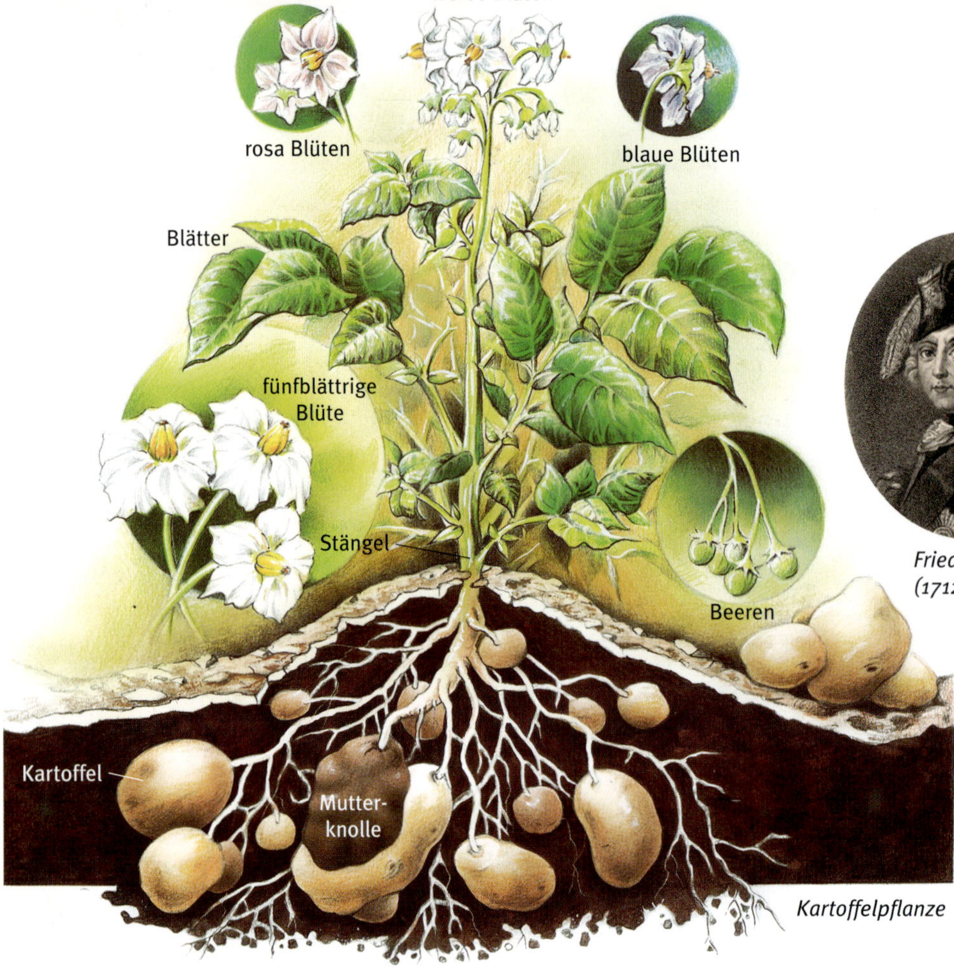

Kartoffelpflanze

Woher kommt die Kartoffel?

Ursprünglich kommt die Kartoffel aus Südamerika, wo die Inkas sie schon vor über 2000 Jahren anpflanzten. Nach der Entdeckung Amerikas im 16. Jahrhundert brachten spanische Seefahrer die Knollen mit nach Europa.

Bis man in Deutschland die Kartoffel als Nahrungsmittel entdeckte, vergingen fast zwei Jahrhunderte. Sie landete zunächst als Zierpflanze in den Gärten wohlhabender Adliger, die ihre exotischen Blüten bewunderten. Trotz anhaltender Hungersnöte sträubten sich die misstrauischen Bauern gegen den Anbau der fremden und unansehnlichen Knolle.

Der Preußenkönig Friedrich II., der Große, erkannte jedoch den Nutzen der Kartoffel. Die nahrhaften Knollen lieferten gute Ernten und wuchsen auch auf schlechten Böden oder bei schlechtem Wetter. Unter Androhung hoher Strafen erließ er daher 1756 den Befehl zum Kartoffelanbau. Schließlich gewöhnten sich die Menschen an die exotische Frucht und Anfang des 19. Jahrhunderts wurde die Kartoffel als Grundnahrungsmittel akzeptiert. Sie stellte eine preiswerte Alternative zum Getreide dar und veränderte die Essgewohnheiten der Bevölkerung. Vom Brotverzehr abgesehen verdrängte sie die Getreidekost fast vollständig.

Wie sieht eine Kartoffelpflanze aus?

Jede Kartoffelpflanze entwickelt sich aus einer Mutterknolle, die der Bauer im Frühjahr in die Erde gesetzt hat. Die Mutterknolle ist wie eine Vorratskammer. Aus ihr wächst der Stängel,

Bewachte Kartoffeln

Friedrich II. (1712-1786)

Trotz der Hungersnöte und des königlichen Befehls zum Kartoffelanbau kam die Verbreitung der Kartoffel im 18. Jahrhundert nicht recht voran. Man sagt, dass Friedrich II. deshalb zu einer List griff: Er gab seinen Soldaten die Anweisung, Kartoffelfelder anzulegen und diese zu bewachen. Nachts schlichen sich die neugierigen Bauern heimlich auf die Felder und wollten wissen, was es dort so Wertvolles zu bewachen gab. Sie stahlen die Kartoffeln gleich säckeweise und bauten sie auf ihren eigenen Feldern an.

Kartoffelverzehr

Vor 100 Jahren lag der Kartoffelverbrauch noch bei fast einem Kilo pro Person und Tag. Seit 1950 sinkt der Verzehr aber drastisch. Heute genügen den Deutschen durchschnittlich 200 Gramm Kartoffeln am Tag.

Saatkartoffeln

Kartoffeln werden nicht wie Getreide aus Samenkörnern gezogen, sondern aus Saatkartoffeln. Im zeitigen Frühjahr – etwa ab März – beginnt man mit dem Vorkeimen der Saatkartoffeln. Für diesen Zweck werden sie in flache Kisten gelegt und an einem hellen und kühlen Ort aufgestellt, bis sie ein oder zwei Zentimeter lange Keime entwickeln. Vorgekeimte Kartoffeln wachsen nach dem Pflanzen schneller und bilden größere Tochterknollen.

Vorgekeimte Kartoffeln

der sich über der Erde verzweigt und eine buschige Staude mit Blättern bildet. Im Sommer blüht die Kartoffelpflanze zartblau, rosa oder weiß. Aus der Blüte entwickelt sich später eine kirschgroße Beere, die etwa 100 Samenkörner enthält. Die grünen Beeren und Pflanzenteile über der Erde kann man nicht essen, sie enthalten den giftigen Stoff Solanin.

Unter der Erde wachsen am Stängel Ausläufer. Ihre Enden verdicken sich und bilden etwa 8 bis 15 neue Knollen, die wir essen können. Die Kartoffelknollen sind eine Verdickung der unterirdischen Stängelausläufer und haben mit einer Wurzel nichts zu tun. Auf der Schale einer Kartoffel sieht man auch winzige Vertiefungen, die man Augen nennt. Das sind die Knospen, aus denen wieder Ausläufer wachsen und eine neue Kartoffelpflanze entstehen kann. Da sich nur an den unterirdischen Ausläufern neue Kartoffeln bilden, häufelt man die Erde zu länglichen kleinen Hügeln an.

Was ist ein Kartoffelroder?

Nachdem der Bauer im Frühjahr die Saatkartoffeln mit einer Maschine in die Erde gelegt hat, wachsen die Pflanzen bis in den Herbst. Wenn die oberirdischen Teile schon vertrocknet sind, findet die Ernte der Kartoffeln statt. Diese Arbeit erledigt der Bauer heute mit dem Traktor und einem Kartoffelroder. Der Traktor zieht den Roder über das Kartoffelfeld. Mit Hilfe ausgeklügelter Technik nimmt der Roder die Kartoffeln aus dem Boden auf und schneidet das Kartoffelkraut ab. Die giftigen Ranken und den groben Schmutz wirft er zurück auf den Acker. Gummigepolsterte Förderbänder, Rüttler und Klopfer rütteln die Erde an den Knollen ab und sorgen dafür, dass nur die Kartoffeln oben ankommen. Dort stehen meist einige Helfer und sortieren kleine oder grüne Kartoffeln aus. Über ein weiteres Förderband laufen die Knollen in den Vorratsbunker. Sobald dieser voll ist, wird er auf einen anderen Wagen entleert. Die Kartoffeln können auch direkt auf einen nebenherfahrenden Hänger geladen werden.

Ist der Vorratstank voll, laufen die Kartoffeln über ein Förderband zum Anhänger.

Erntehelfer sortieren die gerodeten Kartoffeln. Sie entfernen Steinchen und andere Fremdteile.

Wie kommt der Zucker aus der Rübe?

Nach der Aussaat im Frühjahr wachsen die Zuckerrübensamen etwa 180 Tage lang zu stattlichen Rüben heran. Von September bis Mitte Dezember ernten die Bauern ihre Rüben. Bis zum Abtransport in die Zuckerfabrik lagern sie die Rüben zunächst am Feldrand. Dort werden sie über spezielle Reinigungsgeräte auf Transportfahrzeuge geladen, damit die anhaftende Erde nicht in die Zuckerfabrik gelangt.

Gleich am Fabriktor kontrolliert man Gewicht und Qualität der Rüben, erst dann können die Fahrzeuge entladen werden. Nach einer gründlichen Wäsche werden die Rüben in der Zuckerfabrik zu Schnitzeln zerkleinert und in 70°C heißem Wasser gekocht. So löst sich der Zucker aus den Rübenschnitzeln und es entsteht der Rohsaft.

Bei der anschließenden Reinigung des Rohsaftes trennt man den Saft von den Nichtzuckerstoffen und zurück bleibt ein klarer Dünnsaft mit rund 15 Prozent Zuckergehalt.

Durch Verdampfen dickt man den Dünnsaft in mehreren Stufen ein, bis ein goldbrauner Dicksaft mit 70 Prozent Zucker entsteht. Der Dicksaft wird nun so lange gekocht, bis sich goldgelb leuchtende Zuckerkristalle bilden, die mit Sirup überzogen sind. In großen und sehr schnellen Schleudern (Zentrifugen) trennt man die Kristalle vom Sirup und spült sie mit Wasser und Dampf; fertig ist der weiße Kristallzucker.

Für die Herstellung von Raffinade – weißem Zucker von höchster Qualität – wird der weiße Kristallzucker nochmals in Wasser aufgelöst und erneut auskristallisiert. Aus der Raffinade werden Zuckerspezialitäten wie feiner Puderzucker, Hagelzucker oder Kandis hergestellt.

Zuckergehalt

Durch Züchtung stieg der Zuckergehalt der Rüben von etwa vier Prozent auf 18 bis 20 Prozent an. Heute benötigt man für ein Kilo Zucker etwa zehn Rüben. Auf einem Hektar wachsen rund 80000 Rübenpflanzen, die zusammen 8000 bis 9000 Kilogramm Zucker liefern.

Zuckerrohr

Zuckerrohr

Zwei Drittel der Weltzuckerproduktion von fast 130 Millionen Tonnen stammen heute aus Zuckerrohr, nur ein Drittel aus der Zuckerrübe. Zuckerrohr wird in Südamerika, Asien, Afrika und Australien angebaut, die Zuckerrübe überwiegend in Europa.

Die vier Jahreszeiten

Jede Jahreszeit – Frühling, Sommer, Herbst und Winter – stellt an die Landwirte besondere Anforderungen.

Juni · Juli · August · September · Oktober · November · Dezember · Januar · Februar · März · April · Mai

Frühling

Mit dem Frühjahr beginnt für den Bauern eine arbeitsreiche Zeit. Nach den Wintermonaten hat sich im Stall viel Gülle angesammelt, die er nun auf die Felder ausbringt. Der Bauer bereitet jetzt mit Pflug, Grubber und Egge den Boden für die Pflanzen vor, damit er Sommergerste, Hafer, Mais oder Zuckerrüben aussäen kann. Auch die vorgekeimten Kartoffeln kommen in den Boden. Bereits im April beginnt der leuchtend gelbe Raps als eine der ersten Ackerpflanzen zu blühen. Nun wächst auch das Gras sehr schnell und es ist Zeit für die Heuernte.

Sommer

Der Sommer zieht ins Land und bringt das Getreide auf den Feldern zum Reifen. An den Feld- und Wegesrändern blüht der rote Klatschmohn. Die Erntezeit beginnt und oft bestimmt der Wetterbericht die Arbeitsplanung. Jetzt kommt der Mähdrescher zum Einsatz und erntet das Getreide. Auch der Mais steht bereits sehr hoch, seine Kolben sind aber noch klein. Im Sommer können auch die Kartoffeln sowie viele Obst- und Gemüsesorten geerntet werden. Der Bauer sät jetzt auch den Raps für das nächste Jahr aus.

Winter

Wenn der Winter an die Tür klopft, wird das Leben auf dem Hof etwas ruhiger. Jetzt ist genug Zeit, um die Maschinen und den Traktor zu reparieren. Auf den Streuobstwiesen oder Apfelplantagen schneidet der Bauer die Äste an den Bäumen zurück. So wachsen sie im Frühjahr besser und tragen bei der nächsten Ernte größere Früchte. Der Bauer kontrolliert auch die Zäune auf den Weiden und bessert beschädigte Stellen aus. Bis in den Dezember hinein liefert er die geernteten Zuckerrüben in die Zuckerfabrik.

Herbst

Die Apfelernte reicht bis in den Herbst hinein. Jetzt müssen auch der Mais und die Zuckerrüben geerntet werden. Auf den abgeernteten Feldern bereitet der Bauer den Boden für die nächste Wintersaat vor. Mit dem Pflug lockert er den Boden und arbeitet gleichzeitig die Reste der Ernte in den Boden ein. Danach fährt der Bauer mit der Egge über das Feld und zerkleinert die Erdklumpen. Erst dann kann das Wintergetreide gesät werden. Es sprießt noch im Herbst und hat dadurch im Frühjahr einen Wachstumsvorsprung.

Äpfel, Birnen, Kirschen ...

Ernte auf einer Apfelplantage

Wie sieht eine Obstplantage aus?

Obwohl viele Bauernhöfe einen kleinen Obstgarten besitzen, stammt die größte Menge der Früchte von Obstplantagen. Dort hat man sich auf den Anbau von Obst spezialisiert und kann es daher viel billiger anbieten.

Auf den Obstplantagen wachsen keine hochstämmigen Obstbäume, sondern buschartige Bäume mit kurzen Stämmen. Insgesamt misst ein solcher Baum nur gut zwei Meter. Aus diesem Grund lassen sich die Früchte wesentlich einfacher ernten, da man alle Zweige mühelos ohne Leiter erreichen kann. Die Bäume auf einer Plantage stehen dicht in geraden Reihen. Zwischen zwei Reihen lässt man eine drei Meter breite Spur für die Durchfahrt spezieller Mini-Traktoren. Mit diesen Traktoren und entsprechenden Geräten düngt der Bauer den Boden oder behandelt auftretende Krankheiten an den Bäumen.

Gutes Obst muss immer noch mit der Hand geerntet werden, weil es sonst Druckstellen bekommt. Obst für die Saftherstellung kann jedoch bereits maschinell geerntet werden.

Obst für den Verzehr wird mit der Hand geerntet.

Vermehrung

Obstbäume kann man auch aus den Samen der Früchte ziehen. Bei dieser Art der Vermehrung tragen die Nachkommen aber nicht die gleichen Früchte wie die Mutterpflanze. Positive Eigenschaften, wie hoher Ertrag oder große Früchte, gehen meistens verloren. Aus den Samen der Früchte lassen sich aber viele junge und robuste Bäumchen als Unterlage gewinnen.

Wie werden Obstbäume veredelt?

Obstbäume, die viele große Früchte mit gutem Geschmack liefern, sind in der Regel recht empfindlich. Widerstandsfähige und robuste Obstbäume dagegen tragen meist wenige kleine Früchte. Mit Hilfe des Veredelns lassen sich aber die positiven Eigenschaften beider Bäume verbinden. Am Beispiel eines Apfelbaums lässt sich das Prinzip leicht erklären: Beim Veredeln wird ein junges und robustes Apfelbäumchen – die so genannte Unterlage – mit dem Zweig einer edlen Apfelsorte verbunden. Beide werden so geschnitten, dass sie möglichst eng aufeinander liegen und zusammenwachsen. Der junge Apfelbaum liefert die Wurzel und einen Teil des Stammes. Aus dem Zweig der edlen Apfelsorte entwickeln sich der übrige Teil des Stammes, die Krone und die schmackhaften Äpfel. Es entsteht eine Lebensgemeinschaft aus dem robusten Apfelbäumchen und der Edelsorte.

Die zu veredelnde Pflanze – die Unterlage – bestimmt das Wachstum und die Gesundheit. Die zweite Pflanze – das Edelreis – gibt die gewünschten Eigenschaften des Mutterbaums weiter. Sie ist zum Beispiel für Farbe, Größe und Geschmack der Früchte verantwortlich.

Hochstämmige Bäume

wachsen bis zu zehn Meter hoch, ihre Äste verzweigen sich erst in beträchtlicher Höhe. Bis diese Bäume nach dem Pflanzen eine reiche Ernte tragen, vergehen rund 15 bis 20 Jahre. Dann kann man sie 50 Jahre lang nutzen. Niederstämme tragen schon drei Jahre nach dem Pflanzen viele Früchte; nach 15 bis 20 Jahren müssen sie durch neue Pflanzen ersetzt werden.

Wertvolle Wiesen

Streuobstwiesen gehören zu den artenreichsten Lebensräumen in Europa, denn sie bieten bis zu 5 000 verschiedenen Tier- und Pflanzenarten eine Heimat. In den Baumhöhlen und auf den Ästen brüten zahlreiche Vögel, während die vielen Blumen und das heruntergefallene Obst unzählige Bienen, Schmetterlinge und Insekten anlocken. Keine Frage, dass sich auch größere Tiere hier ihre Nahrung suchen – schließlich finden sie einen reich gedeckten Tisch.

Sonderkulturen

Neben den weit verbreiteten und großflächig angebauten Kulturpflanzen wie Getreide, Kartoffeln oder Zuckerrüben gibt es außerdem die Sonderkulturen. Zu dieser Gruppe zählen Obst, Gemüse, Wein, Gewürz- und Heilpflanzen sowie Zierpflanzen. Sie nehmen nur einen geringen Teil der landwirtschaftlich genutzten Fläche ein und wachsen oft in den wärmeren Regionen Deutschlands. Pflege und Ernte der Pflanzen verursachen viel Arbeit und sie stellen hohe Ansprüche an das Fachwissen des Landwirts. Betriebe, die ihr Geld mit Sonderkulturen verdienen, bezeichnet man auch als Spezialbetriebe. Oft sind sie nur zwei Hektar groß, während die durchschnittliche Fläche der anderen landwirtschaftlichen Betriebe um ein Vielfaches höher ist.

Was ist eine Streuobstwiese?

Hinter dem Begriff Streuobstwiese verbirgt sich eine Wiese mit hochstämmigen und wenig pflegebedürftigen Obstbäumen. Dem Namen nach stehen die Bäume nicht in geraden Reihen, sondern verstreut in der Landschaft. Oft wachsen Äpfel, Birnen oder Kirschen auf ein und derselben Wiese.

Streuobstwiesen bewirtschaftet ein Bauer meist naturnah, das heißt, er verzichtet auf Mineraldünger und chemische Pflanzenschutzmittel.

Die hochstämmigen Streuobstwiesen mit Nutzung von Obst und Gras waren bis vor 50 Jahren sogar typisch für den Obstanbau. Doch die Technik hat auch hier nicht Halt gemacht. Mit dem zunehmenden Einsatz von Maschinen ließ sich das Obst auf den Plantagen einfacher, billiger und in größeren Mengen herstellen. Steigende Ansprüche an das Sortiment sowie Form, Farbe und Größe der Früchte führten ebenfalls zu immer professionelleren Anbautechniken und damit zur Förderung der Obstplantagen. Bis vor wenigen Jahrzehnten gab es sogar Prämien für das Fällen von hohen Obstbäumen. Damals verschwanden viele Streuobstwiesen und nicht wenige Landschaften veränderten vollständig ihr Gesicht.

In den letzten Jahren hat man den Wert der Streuobstwiesen für die Tierwelt und den Umweltschutz wieder erkannt, da hier viele Tiere und Pflanzen einen Lebensraum finden. Vielerorts versucht man jetzt Streuobstwiesen zu erhalten oder neu anzulegen. Zusätzlich steigert das wachsende Umweltbewusstsein der Verbraucher wieder die Nachfrage nach ungespritztem Obst aus dieser Anbaumethode.

Neben Obst liefern Streuobstwiesen auch Gras und Kräuter für Kühe oder Schafe.

Ein Igel findet als Insektenfresser auf Streuobstwiesen reichlich Nahrung.

Pflanzen brauchen Nahrung und Schutz

Welche Böden eignen sich für den Anbau von Pflanzen?

Böden sind mehr als nur Oberfläche, sie sind die Grundlage für das Wachstum von Pflanzen. Die Pflanzen nutzen den Boden als Halt für ihre Wurzeln und entnehmen ihm Wasser und Nährstoffe. Aber nicht jeder Boden eignet sich gut für den Anbau von Ackerpflanzen. Sehr sandige Böden halten zum Beispiel nicht genug Wasser, so dass die Pflanzen in regenarmen Zeiten schnell vertrocknen. Auf flachgründigen und steinigen Böden finden die Wurzeln dagegen nur wenig Platz zum Wachsen.

Damit sich Pflanzen gut entwickeln, muss ein Boden bestimmte Eigenschaften haben. Zu den wichtigsten Merkmalen gehört zum Beispiel die Fähigkeit, Nährstoffe und Wasser zu speichern. Neben Wasser brauchen Pflanzen auch Luft, deshalb muss ein Teil der Poren im Boden immer mit Luft gefüllt sein. Eine ausreichende Anzahl an Poren findet man aber nur in einem lockeren und krümeligen Boden. Damit sich die Wurzeln weit ausbreiten und die Pflanzen fest im Boden verankern, sollte der Boden nicht zu steinig sein. Gute Böden haben auch eine nährstoffreiche Humusschicht, die aus dem Abbau und Zerfall von pflanzlichen Resten entsteht. Sie liegt an oberster Stelle im Boden und gibt ihm die typische dunkle Farbe.

Bodenmerkmale

Im Laufe von Jahrhunderten oder Jahrtausenden entstehen Böden durch Verwitterung von Gestein. Je nach Ausgangsgestein und Klima unterscheiden sich die Eigenschaften und das Aussehen der Böden erheblich. Sie bestehen aus verschiedenen Schichten, so genannten Bodenhorizonten. Die einzelnen Bodenhorizonte haben bestimmte Eigenschaften und Farben. Die verschiedenen Schichten beziehungsweise die Bodenhorizonte ergeben ein Bodenprofil, an dem sich die Eigenschaften eines Bodens gut ablesen lassen. Drei verbreitete Bodentypen sind zum Beispiel der eher flachgründige und feuchte Pseudogley, die fruchtbare Braunerde sowie die besonders wertvolle Schwarzerde.

Die Bodenfruchtbarkeit bezeichnet die Fähigkeit eines Bodens, Pflanzen optimal wachsen zu lassen. Mit Hilfe der Bodenbearbeitung sowie mit Düngung, Bewässerung, sorgfältiger Fruchtfolge und Sortenwahl kann eine geringe natürliche Bodenfruchtbarkeit deutlich verbessert werden. Gute Böden wie Schwarzerde oder Parabraunerde lassen sich dagegen kaum verbessern. Bei ihnen geht es vor allem darum, die vorhandene Fruchtbarkeit zu sichern.

Wiese auf Pseudogley *Zuckerrübe auf Braunerde* *Weizen auf Schwarzerde*

Die Streuschicht besteht hauptsächlich aus Resten abgestorbener Pflanzen.

Im Oberboden – der Humusschicht – befindet sich eine Erdschicht mit verrotteten Pflanzenresten.

Der Unterboden ist weniger durchwurzelt. Hier gibt es nur wenig Bodenleben.

Unter dem Unterboden liegt das kaum oder nicht verwitterte Ausgangsgestein.

Der Pflug bricht den Boden mit seinen Scharen grob auf, wendet und lockert ihn.

Der Grubber lockert den Boden mit mehreren Zinken, wendet ihn aber nicht.

Eine FRUCHTFOLGE ist der Wechsel von Kulturpflanzen, die auf ein und demselben Feld wachsen. Sie ist wichtig, da sie den Erhalt der Bodenfruchtbarkeit – und damit eine gute Ernte – sichert. Baut man Jahr für Jahr die gleichen Pflanzen an, entziehen sie dem Boden einseitig Nährstoffe. Außerdem hemmen die Reste der alten Pflanzenwurzeln das Wachstum der neuen Kultur, wenn die Pflanzenart nicht gewechselt wird.

Warum muss Ackerboden bearbeitet werden?

Ackerboden muss einiges aushalten, wenn er beim Säen, Düngen oder Ernten mit schweren Maschinen befahren wird. Das Gewicht der Fahrzeuge drückt das Erdreich zusammen und der Boden verdichtet sich. In der festen Erde gelangen nicht mehr genug Wasser und Luft an die Wurzeln der Pflanzen. Unter dem Mangel an Luft leiden auch die Bodenlebewesen und in schweren Fällen können sogar die Pflanzen absterben. Außerdem nimmt ein verdichteter Boden kaum Regenwasser auf. Es fließt an der Oberfläche fort und schwemmt dabei die oberste und fruchtbarste Schicht des Erdreichs weg.

Um die Fruchtbarkeit des Bodens zu erhalten, müssen die verdichteten Erdschichten also wieder gelockert werden. Die wichtigste Aufgabe der Bodenbearbeitung ist daher das Lockern, Krümeln und Wenden der Erde. Denn ein lockerer Boden ist gut durchlüftet und leicht durchwurzelbar. Er saugt das Regenwasser wie ein Schwamm auf und gibt es bei Bedarf wieder an die Pflanzen ab.

Wichtige Maschinen zur Bodenbearbeitung sind Pflüge, Eggen und Grubber. Sie kommen meist nach der Ernte im Herbst oder vor der Aussaat im Frühjahr zum Einsatz. Mit diesen Geräten arbeitet ein Bauer außerdem Dünger und Pflanzenreste in das Erdreich ein. Sie vernichten gleichzeitig das Unkraut auf dem Acker, indem sie es aus dem Boden reißen oder mit Erde bedecken.

BELEBTER BODEN IST FRUCHTBARER BODEN

In einer Hand voll Erde leben mehr „Erd-Bewohner“ – oder richtig ausgedrückt Bodenorganismen – als Menschen auf der Erde. Zu ihnen zählen zum Beispiel Bakterien und winzige Pilze sowie Würmer, Spinnen, Schnecken, Asseln und Maulwürfe. Bodenorganismen beeinflussen die Fruchtbarkeit des Erdreichs enorm. Sie zersetzen abgestorbene Pflanzenreste und bauen so eine nährstoffreiche Humusschicht auf. Außerdem krümeln sie die Erde, so dass sie locker und gut belüftet ist, Wasser und Nährstoffe speichert und die Wurzeln leicht eindringen können.

Ein bekannter Bodenbewohner ist der Regenwurm. Er schafft ein weit verzweigtes Netz von winzigen Röhren, in denen bei starken Regenfällen viel Wasser versickern kann.

Warum müssen Äcker und Felder gedüngt werden?

Wie der Mensch, so brauchen auch Pflanzen regelmäßig Nahrung. Sie leben von den im Boden enthaltenen Nährstoffen, die in der Natur einem natürlichen Kreislauf folgen. Pflanzen nehmen die Nährstoffe aus dem Boden auf und nutzen sie zur Bildung von Wurzeln, Stängeln, Blättern und Früchten. Wenn die Pflanzen nach einer gewissen Zeit absterben, sorgen Bakterien und Kleinlebewesen dafür, dass aus den Pflanzenresten wieder fruchtbarer Boden – Humus genannt– entsteht. Der Humus versorgt wiederum neue Pflanzen mit Nährstoffen.

Wie dieses Fass durch die unterschiedliche Höhe der Dauben nicht voll werden kann, so kann auch eine Pflanze nicht gesund wachsen, wenn ihr ein Nährstoff fehlt.

In der Landwirtschaft unterbricht der Bauer diesen natürlichen Kreislauf, da er mit der Ernte die Pflanzen vom Acker entfernt. Mit den Pflanzenteilen verlassen aber auch große Mengen an Stickstoff, Phosphor, Kalium und anderen Nährstoffen das Feld, da sie in den Pflanzen gespeichert sind. Die Nährstoffe werden mit der Ernte also buchstäblich vom Feld getragen.

Um die Fruchtbarkeit des Bodens zu erhalten, müssen die fehlenden Nährstoffe durch Dünger ersetzt werden. Ohne Düngung wäre ein Boden nach wenigen Jahren ausgelaugt – für den Bauern gäbe es dann nicht mehr viel zu ernten.

Wer erfand den Kunstdünger?

Justus von Liebig (1803-1873)

Der deutsche Chemiker Justus von Liebig formulierte das berühmte Gesetz des Minimums. Es besagt, dass alle Nährstoffe in ausreichender Menge vorhanden sein müssen, damit eine Pflanze optimal wächst. Wenn ein Stoff fehlt, nützt der Überschuss eines anderen gar nichts. Die Bauern erfuhren, dass sie mit Stallmist, Jauche oder Kompost dem Acker zwar wichtige Nährstoffe verabreichen konnten, jedoch viel zu wenig und nicht immer im richtigen Verhältnis zueinander. 1840 erfand Liebig den Kunstdünger. Er hatte erkannt, dass ein Zusammenhang zwischen dem Nährstoffgehalt des Bodens und dessen Fruchtbarkeit besteht. Mit seiner Erfindung revolutionierte er die Landwirtschaft, da nun die Pflanzen kräftiger wuchsen und sogar schlechte Böden gute Ernten brachten. Der damals verbreitete Mangel an Nährstoffen im Boden konnte behoben werden und damit stiegen die Ernteerträge.

Wie viel Dünger braucht ein Boden?

Damit Pflanzen gesund bleiben und eine gute Ernte liefern, müssen sie richtig ernährt werden. Sowohl ein Zuwenig als auch ein Zuviel an Nährstoffen schadet der Gesundheit und dem Wachstum der Pflanzen. Schon aus Kostengründen schaut ein Bauer ganz genau hin, wie viel Dünger seine Pflanzen benötigen. Überdüngung bedeutet Geldverschwendung und schadet der Umwelt, da sich überschüssige Nährstoffe im Boden anreichern und ins Grundwasser gelangen können. Deshalb gibt es auch Gesetze, die festlegen, wie viel Dünger ein Bauer maximal auf einem Feld ausbringen darf.

Wie viel gedüngt werden muss, hängt von zwei entscheidenden Punkten ab: dem Bedarf einer

Pflanzennahrung

Sechs Hauptnährstoffe – Stickstoff, Phosphor, Kalium, Kalzium, Magnesium und Schwefel – benötigen Pflanzen in relativ großen Mengen. In relativ kleinen Mengen brauchen sie dagegen die sieben Spurenelemente Eisen, Mangan, Zink, Kupfer, Bor, Chlor und Molybdän.

Nur bei einer ausreichenden Versorgung mit Nährstoffen entwickelt sich der Samen zu einem Bohnenkeimling mit Wurzeln, Stängel und Blättern.

Düngerstreuer und Mineraldünger

Gründüngung

Es gibt Pflanzen, die ein Bauer extra für die Düngung des Bodens anbaut. Bei der so genannten Gründüngung erntet der Bauer die Pflanzen nicht ab. Stattdessen arbeitet er sie nach einigen Wochen oder Monaten in den Boden ein, damit sie den folgenden Kulturpflanzen als Nährstoff dienen. Pflanzen wie Sonnenblumen und Ölrettich lockern mit ihren tiefen Wurzeln auch den Boden auf. Erbsen, Bohnen oder Klee – so genannte Leguminosen – reichern die Erde sogar mit Stickstoff aus der Luft an und ersparen so teuren Mineraldünger.

Gründünger aus Senf- und Erbsenpflanzen

Pflanzenart und den bereits vorhandenen Nährstoffen im Boden. Beides muss sorgfältig untersucht werden, damit ein Bauer seine Pflanzen optimal versorgen kann.

Am Beispiel des Stickstoffs – einem wichtigen Pflanzennährstoff – kann man den Düngerbedarf vereinfacht darstellen: Der Stickstoffbedarf der Pflanzen minus dem Stickstoffangebot im Boden ergibt die Menge an Stickstoffdünger, die ein Bauer auf seinem Feld ausbringen muss. Das Ziel der Düngung ist immer, die Lücke zwischen dem Bedarf der Pflanzen und dem Nährstoffangebot im Boden zu schließen. Denn nur bei einer optimalen Versorgung mit Dünger bleiben Pflanzen und Boden gesund.

Warum brauchen Pflanzen Schutz?

Seit Beginn des Ackerbaus schützen Bauern ihre Pflanzen vor Krankheiten, Schädlingen und Unkräutern. Die Unkräuter nehmen den Kulturpflanzen zum Beispiel Nährstoffe, Wasser, Licht und Platz weg. Tierische Schädlinge wie Blattläuse saugen den Pflanzensaft aus den Blättern und schwächen die Pflanzen stark. Raupen oder Schnecken schädigen die Pflanzen, indem sie Blätter, Stängel und Früchte anfressen. Auch Pilzkrankheiten können für die Pflanzen sehr gefährlich sein. Der Mehltau vernichtete früher zum Beispiel ganze Kartoffelernten und löste so große Hungersnöte aus.

Einzelne Schädlinge oder ein paar Unkräuter sind noch keine Gefahr für die Pflanzen auf dem Acker. Erst bei einem stärkeren Befall greift der Bauer zu chemischen Pflanzenschutzmitteln, da sie Unkräuter und

Mehltau überzieht die Blätter mit einem weißlichen Pilzgeflecht und entzieht der Pflanze lebenswichtige Nährstoffe.

Kartoffelkäfer und ihre orange-roten Larven ernähren sich von Kartoffelblättern. Bei einem massenhaften Befall fressen sie ganze Felder kahl.

Blattläuse haben viele Feinde: Der bekannteste ist der Siebenpunkt-Marienkäfer. Jede Larve (oben) frisst während ihres Wachstums bis zu 1000 Blattläuse, der erwachsene Käfer (Mitte) etwa 60 pro Tag. Florfliegen (rechts) legen ihre Eier direkt in Blattlauskolonien, damit die geschlüpften Larven sofort Nahrung finden.

wirksam vernichten. Denn auf einem Acker mit nur einer Kulturpflanze ist die Gefahr einer massenhaften Schädlingsvermehrung sehr groß. Durch die Entwicklung von Pflanzenschutzmitteln können heute viele Unkräuter, Schädlinge und Pflanzenkrankheiten erfolgreich abgewehrt werden. Weltweit vernichten sie aber immer noch 10 bis 35 Prozent der jährlichen Ernte.

Was ist biologische Schädlingsbekämpfung?

Die biologische Schädlingsbekämpfung ist eine besondere Form des Pflanzenschutzes. Sie nimmt sich die Natur zum Vorbild und fördert natürliche Feinde der Schädlinge, damit sich die Schädlinge nicht massenhaft vermehren können. Das Ziel ist daher nicht die völlige Vernichtung der Schädlinge, sondern ihre Begrenzung auf ein erträgliches Maß.

Viele Tiere wie Marienkäfer und ihre Larven, Raubwanzen, Schlupfwespenlarven, Laufkäfer, Ohrwürmer, Spinnen oder Vögel sind natürliche Feinde von Schädlingen und zählen somit zu den Nützlingen. Sie benötigen aber geeignete Lebensräume, die in der modernen Landwirtschaft selten geworden sind. Zur biologischen Schädlingsbekämpfung gehört daher auch das Pflanzen von Hecken oder die Aussaat unterschiedlicher Blumen und Kräuter entlang der Ackerränder. Oft reicht es sogar aus, den Ackerrand von Pflanzenschutzmitteln und Dünger zu verschonen, damit Klatschmohn und typische Ackerwildkräuter wieder wachsen können. Denn zahlreiche Nützlinge und Kleintiere finden hier Nahrung und Unterschlupf.

Nützlingszuchten

Für das Gewächshaus und überall dort, wo natürlich vorkommende Nützlinge bei starkem Schädlingsbefall nicht ausreichen, können Nützlinge auch gekauft werden. Einige Firmen haben sich auf die Zucht von Nützlingen spezialisiert und verschicken sie in einem Paket. Der Landwirt kann diese Nützlinge dann gezielt aussetzen und die betroffenen Pflanzen damit behandeln.

Pflanzenschutzmittel

sind chemische oder natürliche Wirkstoffe, mit denen Unkräuter, Schädlinge und Krankheiten auf dem Acker bekämpft werden. Chemische Pflanzenschutzmittel werden oft kritisiert, da sie bei falschem Gebrauch in Böden, Gewässer und Lebensmittel gelangen können und die Gesundheit gefährden. Andererseits sichert der chemische Pflanzenschutz die Ernten und damit die Versorgung der Menschen mit Lebensmitteln.

Eine Kohlmeisenfamilie vertilgt innerhalb einer Woche mehrere tausend Schädlinge wie Insekten und Raupen.

Moderne Landwirtschaft – heute und morgen

Integrierter Landbau

Durch das wachsende Umweltbewusstsein und das Ziel, die Kosten für Dünge- und Pflanzenschutzmittel zu senken, hat sich die herkömmliche – oder konventionelle – Landwirtschaft in den letzten Jahrzehnten zum integrierten Landbau weiterentwickelt. Die Landwirte schonen durch genau dosierten Einsatz von Dünger und Schädlingsbekämpfungsmitteln die Umwelt und erzielen durch Fruchtfolge sowie sorgfältige Sortenwahl dennoch gute Erträge.

Während die Erdölvorkommen irgendwann verbraucht sein werden, wachsen Rohstofflieferanten wie Raps (unten) und Sonnenblumen (rechts) immer wieder nach.

Welche Bedeutung hat die Landwirtschaft heute?

Die Landwirtschaft sichert in erster Linie unsere Ernährung. Sie versorgt uns mit einem reichen Angebot an Getreide, Kartoffeln, Fleisch, Milch, Obst, Gemüse und vielem mehr. Rund 90 Prozent aller Lebensmittel, die wir in Deutschland benötigen, stellt unsere Landwirtschaft im eigenen Land her. Bei Milch, Getreide und Fleisch übersteigt die Menge sogar den Verbrauch, während ein Teil des Obstes und Gemüses im Ausland dazugekauft werden muss.

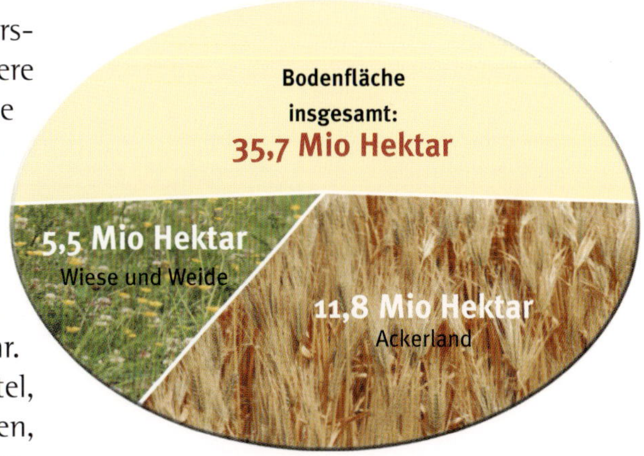

43 Prozent der Bodenfläche Deutschlands werden landwirtschaftlich genutzt.

Doch die Landwirtschaft leistet mehr, als „nur" Nahrungsmittel zu erzeugen. Sie spielt eine große Rolle für den Umweltschutz, da gut 40 Prozent der Flächen in Deutschland von der Landwirtschaft geprägt sind. So verzichten zum Beispiel immer mehr Bauern freiwillig auf Mineraldünger und chemische Pflanzenschutzmittel.

Ohne die Arbeit der Landwirte würden sich auch viele der schönen Äcker, Wiesen und Weiden wieder in Wald verwandeln. Äcker, Wiesen und Weiden sind keine „natürlichen" Landschaften; sie sind das Ergebnis jahrhundertelanger bäuerlicher Arbeit. Viele Menschen erholen sich hier in ihrer Freizeit und nutzen die schöne Landschaft für Wanderungen oder Radtouren – manche verbringen sogar die Ferien auf einem Bauernhof.

Nachwachsende Rohstoffe

Aus Pflanzen lassen sich nicht nur Lebensmittel herstellen, sondern auch wertvolle Rohstoffe für die Industrie. Nachwachsende Rohstoffe wie zum Beispiel Raps, Kartoffeln und Zuckerrüben liefern auch umweltfreundliche Biokraftstoffe für Autos oder den Grundstoff für Farben und Lacke. So können knappe und nicht erneuerbare Rohstoffe – wie zum Beispiel das Erdöl – eingespart werden. Wenn wir unsere Lebensbedingungen auf lange Zeit erhalten wollen, muss die Industrie nachwachsende Rohstoffe aus der Landwirtschaft stärker nutzen. Die Einsatzmöglichkeiten der nachwachsenden Rohstoffe sind vielfältig: Aus Rapsöl können Treib- und Schmierstoffe für Maschinen und Automotoren hergestellt werden. Sonnenblumen liefern den Ausgangsstoff für Farben und Lacke. Aus Kartoffeln, Mais, Weizen und Erbsen gewinnt man Stärke für die Herstellung von Papier oder kompostierbaren Verpackungen und Tüten. Holz liefert den Grundstoff für Papier und aus Hanffasern lassen sich ebenfalls Papier und außerdem Kleidungsstücke produzieren.

Kräuter im Ackerrandbereich bieten Lebensraum für Insekten, die Schädlinge vertilgen.

Anzahl der Bio-Bauern

In Deutschland arbeiten rund vier Prozent aller Bauernhöfe nach den Grundsätzen des ökologischen Landbaus – bis zum Jahr 2010 soll der Anteil sogar auf 10 bis 20 Prozent steigen. Dieses Ziel hat man in der Schweiz und in Österreich schon erreicht – hier wirtschaften über zehn Prozent der Bauernhöfe ökologisch.

Was bedeutet nachhaltige Landwirtschaft?

Das Ziel der nachhaltigen Landwirtschaft ist es, die Menschen auch in Zukunft mit genügend Lebensmitteln zu versorgen. Damit dieses Ziel erreicht wird, müssen alle Bauern verantwortungsvoll mit der Natur umgehen. Die Qualität von Luft, Boden und Wasser darf sich nicht verschlechtern, damit folgende Generationen genauso gut leben können wie wir heute.

Der Begriff „Nachhaltigkeit" kommt eigentlich aus der Waldwirtschaft. Er besagt, dass ein Förster nur so viel Holz aus dem Wald entnehmen darf, wie auch wieder nachwachsen kann. Wenn man dieses Prinzip beachtet, nimmt der Wald keinen Schaden und unsere Urenkel werden genauso viel Holz schlagen können wie wir.

Auch die Landwirtschaft muss so arbeiten, dass unsere Nachkommen in einer gesunden Umwelt erfolgreich Landwirtschaft betreiben können. Wie das aussehen kann, zeigt uns auf vorbildliche Weise der ökologische Landbau.

Wann darf sich ein Hof ökologisch nennen?

Ein ökologischer Bauernhof arbeitet im Einklang mit der Natur. Er legt mehr Wert auf den Schutz der Umwelt und auf einen geschlossenen Stoffkreislauf als auf absolute Höchsterträge.

Der ökologische Landbau versucht in einem geschlossenen Kreislauf zu arbeiten, um auf mineralische Dünger und chemische Pflanzenschutzmittel verzichten zu können.

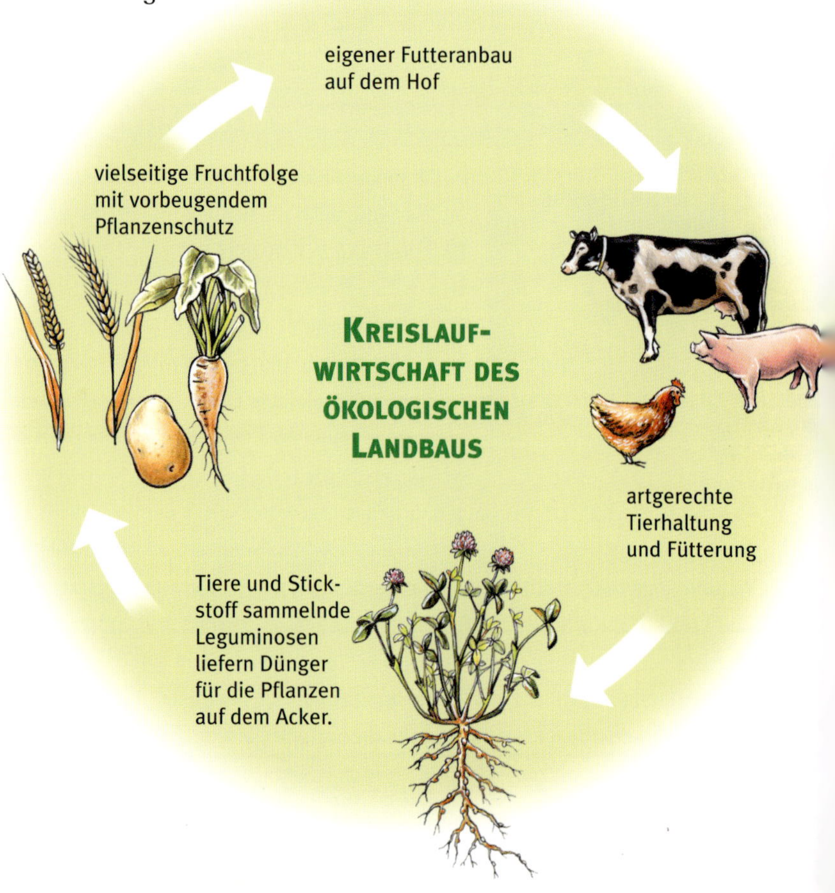

Im ökologischen Landbau werden Tiere artgerecht gehalten. Ferkel bekommen zum Beispiel eine Auslaufmöglichkeit.

Auf Bio-Lebensmitteln in Deutschland findet man dieses einheitlich geltende Bio-Siegel.

Deshalb sind im ökologischen Landbau Tierhaltung und Ackerbau eng miteinander verbunden. Ein Teil der angebauten Pflanzen dient als Viehfutter und der anfallende Kot und Harn der Tiere liefert Nährstoffe für die Pflanzen auf dem Acker. Grundsätzlich werden nur so viele Tiere gehalten, dass der Stoffkreislauf im Gleichgewicht bleibt.

Alle Höfe, die nach den Prinzipien des ökologischen Landbaus arbeiten, verzichten auf leicht löslichen Mineraldünger und chemische Pflanzenschutzmittel. Damit unterscheiden sie sich klar von anderen Bauernhöfen. So genannte Bio-Bauern setzen stattdessen auf Dünger wie Mist oder Kompost. Diese Dünger fördern das Bodenleben und sorgen für einen krümeligen Boden, auf dem die Pflanzen gut wachsen. Statt chemischer Pflanzenschutzmittel wählen Bio-Bauern besonders robuste Pflanzensorten, die widerstandsfähig gegen Krankheiten und Schädlinge sind. Mit dem Anlegen von Hecken werden Lebensräume für Nützlinge geschaffen, die die massenhafte Vermehrung von Schädlingen verhindern. Wenn die Unkräuter auf dem Feld überhand nehmen, entfernt ein Bio-Bauer sie mit Striegel, Hacke und Bürste.

Alle Bauernhöfe im ökologischen Landbau werden streng auf die Einhaltung der Vorschriften kontrolliert. Nur wer die EU-Öko-Verordnung oder noch strengere Vorschriften einhält, darf seinen Hof als ökologisch bezeichnen und seine Erzeugnisse als Bio-Produkte verkaufen.

Teurere Produkte

Im Vergleich zur üblichen Landwirtschaft verursacht der ökologische Landbau mehr Arbeit. Die Erträge sind etwa um 30 Prozent geringer. Produkte aus dem ökologischen Landbau kosten daher immer etwas mehr Geld. Aber die Qualität und der Schutz der Umwelt sind es vielen Menschen wert, für Bio-Produkte mehr Geld zu bezahlen.

Gentechnik in der Landwirtschaft

Die Gentechnik ist eine Methode zur gezielten Veränderung des Erbguts von Pflanzen und Lebewesen. Neue Eigenschaften können so sehr viel gezielter und schneller in Kulturpflanzen eingebracht werden, als dies mit den herkömmlichen Züchtungsmethoden möglich wäre. Gentechniker bemühen sich, bestimmte Nutzpflanzen gegen typische Krankheiten oder Schädlinge widerstandsfähig zu machen. Von der verbesserten Widerstandskraft der gentechnisch veränderten Pflanzen verspricht man sich auch einen geringeren Einsatz von Pflanzenschutzmitteln. Ein weiteres Ziel besteht in der Bemühung, die Inhaltsstoffe von Pflanzen und Früchten zu verbessern. Bei Obst und Gemüse versucht man, den Vitamingehalt zu erhöhen oder eine längere Haltbarkeit zu erreichen. So positiv die Ziele sind, es drohen Gefahren: Gentechnisch veränderte Pflanzen können sich unkontrolliert verbreiten oder neue Gene auf andere Pflanzen übertragen. Welche Folgen das hat, lässt sich meist nur schwer vorhersagen. Viele Menschen fürchten daher Risiken für Gesundheit und Natur. Aus diesem Grund lehnt der ökologische Landbau die Gentechnik grundsätzlich ab.

Gentechnisch veränderte Kartoffelpflanzen mit erhöhtem Stärkegehalt

Warum gibt es Subventionen in der EU?

Noch vor gut 50 Jahren stellte die Landwirtschaft in Europa weniger Lebensmittel her, als die Bevölkerung benötigte. Die Bauern befanden sich in einer schwierigen Situation, da sie mit ihren landwirtschaftlichen Waren nur wenig Geld verdienten. Um das Einkommen der Bauern zu sichern und die Produktion von Nahrungsmitteln zu steigern, bestimmte die Europäische Union feste Mindestpreise für landwirtschaftliche Waren: Für einen Liter Milch bekamen die Bauern zum Beispiel 30 Cent statt nur 20. Die zusätzlichen 10 Cent – diesen Zuschuss nennt man in der Fachsprache auch Subvention – zahlte der Staat.

Die Rechnung ging auf: Die Produktion von Milch, Getreide und Fleisch stieg gewaltig. Die Landwirte stellten immer größere Mengen her, um ihr Einkommen zu verbessern. Denn wer am meisten produzierte, bekam schließlich auch die meisten Subventionen. Bald überstieg die Menge der Lebensmittel sogar den Bedarf der europäischen Bevölkerung. Um die Überproduktion einzudämmen führte man eine strenge Begrenzung der Produktion – so genannte Quoten – ein. Die Bauern erhielten für ihre Waren nach wie vor einen garantierten Mindestpreis, sie mussten die Mengen jedoch dem Bedarf der Bevölkerung anpassen.

In der Landwirtschaft sichern die Subventionen nach wie vor das Einkommen der Bauern und damit die Produktion von Lebensmitteln für die Bevölkerung. Ohne Subventionen müssten heute viele Landwirte ihren Bauernhof aufgeben, da sie oft zu wenig Geld für ihre Güter erhalten würden, um davon leben zu können.

Was sind die Milch- und die Zuckerrübenquoten?

Vor über 20 Jahren erreichte die Milchproduktion ihren absoluten Höhepunkt. Damals entstanden riesige Überschüsse – man sprach von „Milchseen" und „Butterbergen". Um die Überproduktion der Milch zu stoppen, führte man 1984 die Milchquote ein. Jeder Betrieb darf seitdem nur noch eine bestimmte Menge Milch pro Jahr produzieren – nur diese Menge wird zum Garantiepreis abgenommen. Wer mehr Milch an die Molkereien liefert, muss eine Abgabe zahlen. Aus diesem Grund lohnt es sich für die Bauern nicht, mehr als die erlaubte Höchstmenge an Milch zu erwirtschaften.

Bereits seit 1968 gibt es für Zuckerrüben eine Quote. Bevor ein Bauer Zuckerrüben anbaut und diese an eine Zuckerfabrik liefert, muss er über ein Rübenlieferrecht verfügen. Die Fabrik nimmt nur eine festgelegte Menge an Zuckerrüben zu einem festen Preis ab. Was der Landwirt darüber hinaus auf seinen Äckern herstellt, muss er zu einem viel niedrigeren Preis verkaufen. Mit dem niedrigen Preis verdient er keinen einzigen Cent, er deckt nicht einmal die Kosten für den Anbau der Zuckerrüben.

Die Europäische Union (EU) ist ein Zusammenschluss von 25 Ländern. Die Mitglieder haben sich verpflichtet, bestimmte Grundsätze einzuhalten. Dazu gehört beispielsweise die Erhaltung des Friedens zwischen den Ländern und die Wahrung der Menschenrechte. Alle Mitgliedsländer verfolgen auch eine gemeinsame Agrarpolitik. Das heißt, dass alle Entscheidungen der EU für jeden Landwirt in den Mitgliedsländern von Bedeutung sind.

Klasse statt Masse

Das neue Motto in der Landwirtschaft lautet „Klasse statt Masse". In Zukunft sollen die Subventionen verstärkt an Landwirte gezahlt werden, die besonders umweltgerecht wirtschaften und Tiere artgerecht halten. Der ökologische Landbau erfüllt diesen Anspruch in hohem Maße, er soll deshalb stärker gefördert werden.

Eine Milchbäuerin zeigt den Preisvergleich zwischen einem Liter Milch und einem Dosenpfand und protestiert damit gegen die sinkenden Milchpreise.

Landwirtschaft in den EU-Staaten

Die Karte zeigt die wichtigsten landwirtschaftlichen Produkte der einzelnen EU-Staaten.

1) Belgien
2) Dänemark
3) Deutschland
4) Estland
5) Finnland
6) Frankreich
7) Griechenland
8) Irland
9) Italien
10) Lettland
11) Litauen
12) Luxemburg
13) Malta
14) Niederlande
15) Österreich
16) Polen
17) Portugal
18) Schweden
19) Slowakische Republik
20) Slowenien
21) Spanien
22) Tschechische Republik
23) Ungarn
24) Vereinigtes Königreich
25) Zypern

Landwirtschaft weltweit

In jedem Land ist die Landwirtschaft vom jeweiligen Klima, der Bodenbeschaffenheit und den Wasserverhältnissen geprägt. Viele Pflanzen und Früchte, die bei uns nicht wachsen, kaufen wir aus anderen Ländern, in denen sie gut gedeihen. Dazu zählen zum Beispiel Bananen, Ananas, Orangen, Zitronen, Reis, Soja, Kaffee, Tee, Kakao, Erdnüsse und vieles mehr.

reife Sojabohne

Nordamerika

Über ein Drittel der gesamten Welternte an Soja wird in den USA hergestellt. Den größten Teil der Ernte verarbeitet man zu Futter für Schweine, Rinder und Hühner. So sichert Soja als eiweißreiches Tierfutter die Versorgung der Menschen mit Fleisch. In den USA sind weniger als zwei Prozent der arbeitenden Bevölkerung in der Landwirtschaft tätig. Modernste Technologien – wie zum Beispiel die Gentechnik – helfen den Landwirten, mehr anzubauen und zu ernten als in anderen Ländern.

Schafzucht

Australien

In vielen Gebieten Australiens spielen die genügsamen Schafe eine große Rolle. In dem riesigen Land gibt es über 120 Millionen Schafe und nicht selten findet man in den Busch- und Grasregionen Herden mit 40 000 Tieren. Nachdem Einwanderer die ersten Merinoschafe um 1790 mit nach Australien brachten, entwickelte sich das Land zum größten Wollproduzenten der Erde. Auch heute noch deckt Australien über ein Viertel des Weltbedarfs an Wolle für Kleidung.

Afrika

Die Hirse zählt in Afrika zu den wichtigsten Getreidearten. Sie ist eine sehr anspruchslose Pflanze, die sogar auf kärgsten Böden wächst und lange Trockenheit aushalten kann. Aus Hirse und Hirsemehl stellen die Menschen in Afrika viele Gerichte her – das Getreide gilt dort als ein bedeutendes Nahrungsmittel. Andere wichtige Pflanzen sind zum Beispiel Kaffee, Kakao, Ananas, Baumwolle, Bananen und Tabak. Wie in Asien leben über die Hälfte der Afrikaner von der Landwirtschaft.

Ananaspflanzen

Asien

Die Bauern in Asien pflanzen vor allem Reis an, sie produzieren sogar über 90 Prozent des weltweiten Reisertrages. Auf diesem Kontinent gilt der Reis als wichtigstes Nahrungsmittel. Da die Pflanzen zum Wachsen viel Wärme und Wasser benötigen, legen die Bauern meist Felder mit einem leichten Gefälle an. Je nach Bedarf können die Felder dann mit Wasser geflutet oder wieder entleert werden. In Asien arbeiten die meisten Menschen in der Landwirtschaft. Neben Reis bauen sie hauptsächlich Tee, Baumwolle und Zuckerrohr an.

Reispflanzen

Südamerika

Die besten Anbaugebiete für die anspruchsvollen Kaffeepflanzen findet man in den Hochlagen Südamerikas. Von hier kommt über die Hälfte der Weltproduktion an Kaffeebohnen. Als Ausgangsprodukt für Kaffee sind die kleinen Kaffeebohnen von großer wirtschaftlicher Bedeutung, da sie in viele Länder verkauft werden.

Kaffeebeeren

Die Ausbildung zum Landwirt beinhaltet zum Beispiel die Betriebsführung, den Pflanzenbau und die Tierhaltung.

Von Beruf Landwirt

Weiterbildung

Um den wachsenden Anforderungen an ihren Beruf gerecht zu werden, bilden sich Landwirte nach einer abgeschlossenen Berufsausbildung ständig weiter. Schließlich steigen auch die Ansprüche der Verbraucher: Sie möchten nicht nur gesunde und günstige Lebensmittel kaufen, sie wünschen sich auch zunehmend eine umweltschonende Produktion sowie eine tiergerechte Haltung auf den Bauernhöfen.

Was lernt ein Landwirt in der Ausbildung?

Es gibt nur wenige Berufe, die so anspruchsvoll, abwechslungsreich und vielseitig sind wie der des Landwirts. Er eignet sich daher besonders für Menschen, die Spaß an Natur und moderner Technik haben. Auch Frauen haben heute gute Chancen als Landwirtin, denn die moderne Technik hat viele der schweren körperlichen Arbeiten stark erleichtert.

Wer einen Bauernhof erfolgreich bewirtschaften möchte, muss viele Aufgaben erfüllen. Pflanzen und Tiere brauchen zum Beispiel fachmännische Betreuung, damit sie gut wachsen und gesund bleiben. Viele

Entscheidungen, die ein Bauer fällen muss, beeinflussen Qualität und Menge der Ernte und somit sein Einkommen. Ein Landwirt ist daher auch immer ein Manager, der Kosten und Einnahmen fest im Blick haben muss. Für die Planung eines reibungslosen Tagesablaufs benötigt er außerdem Organisationstalent. Auch die Bedienung und Reparatur von komplizierten Maschinen erfordert heutzutage ein enormes Fachwissen.

Damit ein Landwirt den vielen Aufgaben gewachsen ist, benötigt er eine umfangreiche Ausbildung. In der Regel dauert die Ausbildung zum Landwirt drei Jahre. Sie findet zum einen Teil in der Schule, zum anderen auf einem Bauernhof statt. Voraussetzung für die Ausbildung ist ein abgeschlossener Haupt- oder Realschulabschluss. Mit der Abschlussprüfung erhält der Auszubildende dann die Berufsbezeichnung Landwirt oder Landwirtin.

Inhalte der Ausbildung zum Landwirt

- **Bearbeiten und Pflegen des Bodens, Erhalten der Bodenfruchtbarkeit, Bestellung, Pflege der Pflanzen, zweckmäßiger und umweltverträglicher Anbau von Pflanzen sowie Ernte, Verwertung und Vermarktung pflanzlicher Produkte**
- **zweckmäßiges, tiergerechtes und umweltverträgliches Halten, Versorgen und Nutzen von Tieren sowie Vermarktung tierischer Erzeugnisse**
- **Planung, Organisation und Kontrolle der täglichen Arbeiten**
- **Berechnung von Kosten und Einnahmen in den einzelnen Betriebszweigen**
- **Bedienung und Pflege von Maschinen und Geräten**
- **Umweltschutz und Landschaftspflege sowie sparsame Energie- und Materialverwendung**
- **Arbeits- und Tarifrecht, Arbeitsschutz und Arbeitssicherheit**

Besuch auf dem Bauernhof

Nur auf einem Bauernhof kann man die spannende Welt der Landwirtschaft hautnah erleben. Deshalb freuen sich auch viele Bauern über den Besuch von Kindern und Jugendlichen. Wenn es möglich ist, nehmen sie sich die Zeit und zeigen sogar ganzen Schulklassen, wie die Landwirtschaft in Wirklichkeit aussieht. Da ein Bauer immer viel zu tun hat, muss euer Lehrer vor dem Besuch natürlich einen Termin vereinbaren – ohne Anmeldung klappt also nichts.
Viele Schulklassen nutzen auch einen Wandertag für den Besuch auf einem Bauernhof. Das ist eine gute Gelegenheit, um die zahlreichen Tiere, Pflanzen und Maschinen dort genauer kennen zu lernen. So genannte Schulbauernhöfe können eine Schulklasse gleich für mehrere Tage beherbergen – schließlich gibt es auf einem Bauernhof viel zu entdecken. Die Schüler dürfen hier sogar bei der täglichen Arbeit mit anpacken. Sie füttern und tränken zum Beispiel die Tiere oder misten die Ställe aus. So können sie sich genau anschauen, woher unsere Lebensmittel kommen und wie sie hergestellt werden. Mit viel Spaß und Aktion machen sich Kinder und Jugendliche so ein eigenes Bild von der Arbeit in der Landwirtschaft.

Beim Besuch eines Bauernhofs darf man vielleicht beim Melken helfen ...

... oder fährt mit dem Traktor zu einer Feldbesichtigung.

Index

Die Reihe wird fortgesetz